L'ATTENTE

En quête du dessein de Dieu

Religions et Spiritualité
fondée par Richard Moreau,
Professeur émérite à l'Université de Paris XII
dirigée par Gilles-Marie Moreau

La collection « Religions et Spiritualité » est généraliste et publie des ouvrages qui concernent tous les grands courants religieux : christianisme (catholicisme, orthodoxie, protestantisme), mais aussi bouddhisme, islam, judaïsme...
Elle couvre différentes disciplines : théologie, histoire, spiritualité, droit canon, essais et témoignages.
À travers la multiplicité des approches et des styles, elle souhaite étudier le fait religieux aussi bien sur le temps long qu'autour des débats les plus actuels.

Dernières parutions

Marina Copsidas, *Le Christ Pantocrator*, Nouvelle édition, 2024.
Elisabeth SMADJA, *L'Esprit saint de la Torah aux Evangiles. Dans le souffle hébraïque de son nom*, 2024.
Gérard LAMBIN, *Les Hyperboréens, Du mythe à l'histoire*, 2023.
Joël HILLION, *Qui dit-on que je suis ? Le mystère Jésus*, 2023.
Elefthérios ANYFANTAKIS, *La théologie de l'unité chez les pères apostoliques. Clément de Rome, Ignace d'Antioche, Pasteur d'Hermas*, 2023.
Arnaud Guy AGBOSSAGA, *Les défis du salut dans l'Eglise catholique au Bénin. Le cas du phénomène Banamè*, 2023.
Bernard NARBEY et Guy SICHLER, *De la ferveur religieuse des gens du Haut-Doubs. Des manifestations de l'esprit religieux, d'autrefois à aujourd'hui*, 2023.
Thibault DE VALROGER, *Conversation sur la Foi*, 2023.
Judith GUERRY, *Le Temple de Jérusalem. Héritages*, 2023.
François BATUAFE NGOLE, *Évangiles synoptiques. Introduction à la lecture scientifique*, 2023.

Charles Henri Hüssy

L'ATTENTE

En quête du dessein de Dieu

Préface d'Anita Nebel

Du même auteur

Genève, étude régionale. Essai d'analyse sémiologique en géographie humaine. Thèse No 272, faculté des Sciences économiques et sociales, 1980, éd. Peter Lang.

Atlas du Bassin Genevois et de la Région Lémanique. Un espace transfrontalier au cœur de l'Europe., dirigé et réalisé par C. Hüssy, 1991, Encyclopédie de Genève.

Atlas du Grand Genève. État des lieux pour un progrès durable., 2016, éd. Slatkine.

L'ancienne alliance. Une modernité dans l'impasse ? 2021, éd. L'Harmattan.

Une Nouvelle Alliance. Nourrir une espérance pour l'après-effondrement., 2021, éd. L'Harmattan.

Un Christ vert. Un Dieu amoureux de sa Création., 2021, éd. L'Harmattan.

Illustration de couverture: Le Christ en gloire.
Codex de Bamberg année 1020

© L'Harmattan, 2024
5-7, rue de l'École-Polytechnique, 75005 Paris
http://www.editions-harmattan.fr
ISBN : 978-2-336-44294-5
EAN : 9782336442945

Soli Deo Gloria

On a beau souligner l'insignifiance quantitative de l'homme, peut-on écarter d'un revers de main l'hypothèse la plus vraisemblable, à savoir que l'homme est issu d'un « projet » ? Jean Delumeau.

Préface

Anita Nebel

Aujourd'hui, les angoisses devant l'évolution de notre planète Terre sont intenses. Nous observons avec inquiétude le changement climatique : les températures qui s'élèvent et produisent des sécheresses, déclenchent des ouragans et des chutes de grêle, font diminuer les glaciers et la biodiversité en modifiant notre milieu naturel. Certaines régions deviennent improductives et font fuir leurs habitants.

Il y a ceux qui relativisent en rappelant que la terre a connu des périodes semblables au cours de son évolution. Ce qui d'ailleurs est contredit par les mesures, sur deux siècles ; selon les experts, le pire est à venir.

D'autres cherchent des coupables et des voies de sortie. Mais comment donner des règles à une évolution planétaire ? Si cette préoccupation est générale, elle est surtout écrasante pour ceux qui ne se fient qu'à leur propre horizon humain. Ceux qui ont connaissance de la tradition judéo-chrétienne savent bien que le Créateur de toute chose n'abandonne pas son œuvre, qu'Il lui a fixé un début et une fin qui dépend aussi des hommes gérants de la terre. Il est temps que cette tradition redise le sens de la création et l'esprit qui l'inspire, non pas pour déresponsabiliser nos contemporains, mais pour les rassurer.

Charles Hüssy a investigué parmi les tendances écologiques diverses qui s'expriment aujourd'hui : celles qui espèrent tout de l'équilibre que la terre, être vivant, peut rétablir ; certains au contraire pensent que cela peut passer par la disparition de l'être humain responsable des dégâts causés. Il prête aussi l'oreille à ceux qui invitent les hommes à progresser vers une gestion responsable et modérée des ressources. Dans cet ouvrage il interroge particulièrement ceux qui ont une vision plus globale de l'histoire de la terre et y ajoutent la perspective chrétienne, qui prévoit et nomme les tourments que nous éprouvons pour leur donner une direction et un sens. S'il est possible de traiter de la menace de déséquilibre de la terre, sans mettre le Créateur dans l'équation de sa réflexion, recourir au contraire aux visions et explications de la tradition judéo-chrétienne se révèle être d'une grande richesse. L'Ancien et le Nouveau Testament, les Pères de l'Église, le paléontologue Teilhard de Chardin, les théologiens Fabien Revol, François Euvé ou Jean Delumeau établissent des constats qui à la fois sont sévères pour l'homme, mais lui ouvrent des perspectives motivantes.

Les sources chrétiennes rappellent d'abord que la terre n'est pas une donnée éternelle. Elle a été créée et elle prendra fin, elle sera transformée. Elles affirment ensuite que la nature terrestre et l'homme dépendent l'un de l'autre. Ils sont liés dans le bien comme dans le mal ; l'homme porte une responsabilité pour sa planète dont il n'est pas l'exploiteur, mais le gérant. Elles insistent enfin sur ce qui est fondamental : que le Créateur du monde est présent malgré la grande latitude de pensée et d'action qu'il a accordée à l'homme. Si c'est Son œuvre que sa créature humaine abîme par sa gestion irresponsable, c'est Lui qui peut la rétablir ou la transformer. Ces sources donnent un nom au comportement de l'homme : son avidité, sa démesure, son goût du pouvoir que l'on doit appeler « la grande injustice », « la grande trahison ». L'Apocalypse de Saint Jean traite de l'incessante épreuve de force entre le Créateur et son opposant qui est menteur, séducteur et faux-puissant, mais que les hommes écoutent et croient. Cette vision montre le lien étroit entre les œuvres de l'homme et les conséquences qu'elles ont sur la nature. Elle décrit aussi la Parole de Dieu comme une épée tranchante qui, rien qu'en paraissant, défait les armes et les armées du Mal. Enfin, la lettre de Saint Paul aux Romains (Rom 8:18-23), lie définitivement l'homme à la nature. Tous les deux sont « soumis au pouvoir du néant » et attendent, dans « les douleurs d'un d'enfantement qui dure encore », la « liberté de la gloire donnée aux enfants de Dieu ».

Le livre de Charles Hüssy est au service de cette attente : l'homme qui travaille avec son Dieu n'est pas livré au désespoir, mais à une promesse qui accomplira le plan de Dieu pour la terre et ses habitants.

Introduction

Du désarroi à l'aube d'une espérance

Dans cet essai consacré à l'attente du salut de Dieu, un premier volume[1] s'est attaché à définir trois niveaux de la connaissance : la science, l'intelligence et la sagesse. La science d'abord, qui a pour fonction sociale de découvrir et développer des ressources, que ce soit dans l'air, l'espace, l'eau, le sol, d'inventer des sources d'énergie, mais aussi des technologies ; les découvertes scientifiques ouvrent le champ à l'innovation, tandis que les sciences humaines, la philosophie, les sciences morales, plus inductives, évaluent les pratiques humaines.

Au second niveau se manifeste une intelligence collective, qui est seule capable de valider la mise en œuvre de ces connaissances. Synonymes de changement de regard, les problèmes perçus au

---

1 Cf. Charles Hüssy, 2021, *L'ancienne alliance. Une modernité dans l'impasse ?* Éd. L'Harmattan.

sens le plus global commencent à toucher le grand public. La société s'applique au traitement sélectif des déchets, aux économies d'énergie ou à l'isolation des bâtiments, qui procèdent de mesures incitatives. Cette autre forme de connaissance se concrétise dans des législations, parfois dans le vote populaire. Il va de soi que l'évolution des usages engendre d'autres besoins, ouvrant à la science de nouvelles perspectives de recherche.

Tout au-dessus enfin se déploie une sagesse, un idéal supérieur du vivre-ensemble, qui requiert une prise de décisions à l'échelle supérieure des États, une gouvernance mondiale. Cette sagesse devrait faire régner partout la justice, la concorde et la paix au sein des pratiques collectives.

L'humanité prise à son propre piège

Bien qu'essentielle, cette hiérarchie des tâches et des connaissances ne fonctionne encore que timidement ; on peut dire qu'aucune d'elles ne s'articule réellement aux deux autres. Résultat : en fait d'alliance telle qu'elle devrait être établie entre l'homme et le monde, on assiste surtout à des pillages sur les matières premières, sans contrôle politique, à des tergiversations face au dérèglement climatique, à des dégâts sur la nature parfois irréversibles : déforestation, monoculture, perte de biodiversité. La science, la technologie, l'industrie voire les sciences humaines n'ont pas de programme cohérent et les politiques, qui devraient anticiper les dangers et les prévenir, se perdent en conférences et en timides avancées.

Par dessus tout, une économie mondiale financiarisée plane comme une épée de Damoclès sur l'économie réelle : il suffirait que la croissance ralentisse, voire s'arrête, et les emprunteurs publics ou privés se trouveraient dans l'incapacité d'honorer leurs dettes, au point de provoquer en cascade une banqueroute mondiale. La sagesse se manifeste au travers d'institutions gouvernementales et non gouvernementales, mais elle peine à insuffler aux peuples un désir commun de concorde et de justice. Au vu de l'état de délabrement de la planète, que vont connaître les générations à venir, l'histoire depuis ses origines aura conduit vers une véritable mésalliance entre l'homme et son milieu, suscitée par les mécanismes du pouvoir et la recherche du profit.

L'entrée dans l'« Anthropocène »

Paul Josef Crutzen a été colauréat du Prix Nobel de chimie en 1995 ; c'est lui qui a identifié les sources de destruction de la couche d'ozone. Il a promu le concept d'Anthropocène[2], une nouvelle ère géologique qu'il a fait remonter à 1970. Il considérait que les scientifiques et les ingénieurs « se retrouvent face à une tâche redoutable, qui consiste à guider la société vers une gestion environnementale soutenable ».[3] Pour la première fois une espèce a non seulement radicalement changé la

---

2 Anthropocène : ère de l'humain (*anthrôpos* : anthropo- et -cène, du grec *kainos*, nouveau). Ce terme a été introduit en anglais dans les années quatre-vingt par l'écologiste Eugene F. Stoermer et développé par Paul J. Crutzen, Prix Nobel de chimie.
3 Paul Joseph Crutzen, 2007, *La géologie de l'humanité : l'Anthropocène.*, Revue *Écologie et politique* No 34, pp. 141-148.

morphologie, la chimie et la biologie de la Terre, mais de plus, elle est consciente de l'avoir fait.

Pour Jan Zalasiewics, ne pas ratifier le passage à l'Anthropocène laisserait l'impression que les conditions de l'Holocène[4] sont toujours là. Or, il est clair que ce n'est pas le cas ; la science consiste à établir ce qui est réel et ce qui ne l'est pas. Et l'Anthropocène est bien réel.[5]

« Gaz à effet de serre en hausse, micro-plastiques omniprésents, polluants dits 'éternels', disparition d'espèces animales, des millions de téléphones mobiles au rebut : autant de preuves que le monde est entré dans l'Anthropocène, l'époque 'des humains', au milieu du XXe siècle. [...] L'humanité a consommé plus d'énergie depuis 1950 que dans les 11'700 années précédentes de l'Holocène. Une énergie qui lui a assuré une domination sans précédent sur la Terre, soutenant une croissance démographique exponentielle. Les humains représentent aujourd'hui 34% de la biomasse (masse totale) de tous les mammifères terrestres, et leurs animaux d'élevage 62%, selon une estimation datant de 2018. Ce qui laisse 4% d'animaux sauvages dans le vivant des terres émergées ».[6]

Pour résumer ces analyses en termes systémiques, on peut dire que le monde est passé d'une logique

---

4 Nom de l'ère géologique qui représente les 11'000 dernières années. Elle correspond à la dernière partie de l'ère quaternaire, période la plus récente dans l'échelle des temps géologiques.
5 Dossier du *Courrier* du 10 juillet 2023. Selon Dominique Bourg, philosophe, la « phase boomerang » de cette crise globale, le retour de flamme, débute en 2018.
6 *Ibidem*.

circulaire (cycle de l'eau, biodiversité stable, équilibres climatiques, économie centrée sur des productions et des échanges de biens et services réels, sobriété « heureuse », recyclage des déchets) à une logique linéaire : prélever des ressources, les transformer à grand coût d'énergie, rejeter des déchets. C'est donc tout un système devenu instable qu'il faudrait réformer.

Les illusions de la modernité

Parfois, la science faite par les hommes outrepasse ses limites. Par exemple, est-il pertinent de s'obstiner à vouloir pérenniser artificiellement une espèce qui transgresse les lois naturelles et se met elle-même en situation de disparaître ? Face à ce défi, des futuristes ont essayé plusieurs sorties. Ainsi le mouvement dit « transhumaniste » entend créer « l'homme augmenté ».[7] Autre mouvement, le « survivalisme » apparu dans les années de guerre froide retrouve subitement une audience aux États-Unis, en voyant surgir des « craintes en tous genres:

---

[7] Le « transhumanisme » est un nouveau courant de pensée selon lequel les capacités physiques et mentales de l'être humain pourraient être accrues grâce au progrès scientifique et technique (« l'être humain augmenté »), le but final étant d'offrir à ses adhérents une immortalité, en supprimant le vieillissement. Ainsi l'« état de conscience modifié » pourra être transféré dans d'autres medias. « L'avenir de l'humanité va être radicalement transformé par la technologie. Nous envisageons la possibilité que l'être humain puisse subir des modifications, telles que son rajeunissement, l'accroissement de son intelligence par des moyens biologiques ou artificiels, la capacité de moduler son propre état psychologique, l'abolition de la souffrance et l'exploration de l'univers ». Manifeste du transhumanisme, 1998, Article 1.

troubles sociaux, crises économiques, événements météorologiques d'ampleur... » relayée par une diffusion à l'échelle planétaire de blogs et de sites survivalistes sous différentes formes. Or survivre n'est pas une fin en soi ; encore faut-il donner à cette survie du contenu en termes individuels et collectifs.

Espèce animale vivant parmi les autres, l'homme n'a guère conscience de leur égalité de droit. Notre civilisation technicienne a appris à considérer comme ressource tout ce qui l'environne et à l'utiliser sans limite, au point d'ignorer les conséquences de ses pillages sur son milieu et sur elle-même. D'où provient cette « désacralisation » de la nature ? C'est précisément de la volonté de s'en emparer comme d'un objet, de la maîtriser par une technologie toute-puissante. C'en est fait désormais de l'antique intimité entre l'homme et son milieu, de l'harmonie entre intériorité et extériorité.[8]

Vers un lendemain d'espérance

Ensuite, dans un second volume[9], j'ai adopté un point de vue plus optimiste, en escomptant une montée de conscience à travers une mondialisation de l'information et des échanges d'idées via les réseaux sociaux, un dialogue interculturel, la recherche de valeurs communes, des tentatives de résolution des conflits, un meilleur usage du savoir.

---

8 Dans les conclusions de son Encyclique *Laudato si'*, le pape François a écrit : "Pour un croyant le monde ne se contemple pas de l'extérieur mais de l'intérieur, en reconnaissant les liens par lesquels le Père nous unis à tous les êtres."
9 Charles Hüssy, 2021, *Une Nouvelle Alliance. Nourrir une espérance pour l'après-effondrement.*, éd. L'Harmattan.

On doit se demander quel sera l'homme du futur ; comment vivra-t-il, individuellement et collectivement, sous cette nouvelle alliance à établir avec la nature ? Sera-t-il plus intelligent, profitera-t-il de ses expériences positives et négatives, parviendra-t-il, grâce à cette connexion planétaire, à établir la paix ? L'idée à promouvoir consiste à entretenir l'espoir d'une conversion collective : opérer une *métanoia* ou métamorphose spirituelle.

Or, une humanité restaurée ne saurait émerger qu'en se fondant sur l'amour, amour de Dieu auteur du Monde, amour du prochain, amour de la Terre. Rejetant son égoïsme, l'homme a besoin non seulement de reconnaître sa petitesse, mais aussi précise Pierre Teilhard de Chardin, de « vivre d'un cœur total, en union avec l'ensemble qui le porte, cosmiquement ».[10] Pour l'heure, la rupture originelle de la confiance entre Créateur et créature entrave tout progrès moral et explique le mal dans le monde. L'orgueil, la recherche du prestige, l'esprit de lucre sont sortis au grand jour depuis les origines, consistant à récuser toute limite à l'ambition de l'homme. Après un passé désastreux fait de violence et de mépris du vivant, la peur, l'indigence devraient engendrer l'humilité, qui côtoie mal un optimisme béat et une confiance

---

10 « L'amour chrétien, chose incompréhensible pour ceux qui n'y ont pas goûté. Que l'infini et l'intangible puissent être aimables; que le cœur humain puisse battre pour son prochain d'une charité véritable : ceci paraît à bien des gens que je connais simplement impossible - et presque monstrueux. ». Pierre Teilhard de Chardin, 1955, *Le phénomène humain.*, p. 297.

éperdue dans des solutions techniques, face aux dangers futurs.

Bientôt, peut-être, grâce à son intelligence d'espèce dotée de réflexion, à son savoir acquis et son désir de bonheur, l'humanité saura tirer les leçons de ses erreurs, faire front commun pour traverser un effondrement climatique, énergétique, économique qui ne fait que commencer ; dans cette perspective menaçante va s'opérer, ajoute Teilhard, une montée de « l'Esprit de la Terre ».

Les perspectives de l'après-effondrement

Quelles sont les perspectives de vie après l'effondrement qui ne manquera pas de se produire un jour ? Comment l'humanité peut-elle espérer un meilleur futur, si ce n'est dans l'attente du projet de Dieu ? C'est l'objet d'une première partie de ce livre, qui parcourra d'abord l'évolution humaine, telle que l'ont entrevue des visionnaires comme Pierre Teilhard de Chardin, Henri Bergson[11], Olivier Costa de Beauregard et d'autres. Le premier chapitre examinera quelques-unes de leurs idées évolutionnistes, qui ont renouvelé en profondeur la réflexion sur l'évolution.

Ensuite, on se focalisera sur l'écologie, sous sa forme laïque d'abord, à tendance politique. Car toute écologie est une écologie humaine : c'est du point de vue de leur viabilité qu'elle aborde les soubassements matériels de l'environnement et pratique l'étude des risques naturels.

---

11 L'*Évolution créatrice* (1907) est un ouvrage philosophique dans lequel Bergson développe l'idée d'une création permanente de nouveauté par la nature : l'élan vital.

Cette profession de foi laïque en un combat pour une révolution des idées donne envie de s'engager pour l'homme et pour la planète. Elle dénote toutefois une carence, celle d'un principe de cohérence. Aussi vais-je tenter de jeter un pont en croisant la vision laïque avec celle chrétienne, la première qui milite pour un paradigme de priorité à l'écologie présente et à venir, la seconde qui a pour mission d'apporter « par l'avant » un principe unificateur vers lequel, tôt ou tard, se dirigera l'humanité souffrante. Une sagesse mondiale va émerger, dépouillée de toute attache idéologique, de tout intégrisme religieux et fondée sur l'œuvre salvatrice du Christ. Elle pourra s'appuyer sur une connexion planétaire via les réseaux sociaux, qui pour l'heure servent aussi à des usages égoïstes, déviés voire délictueux.

Car l'avenir est à la communication ; cet « appel d'air » sera de plus en plus investi dans les échanges politiques, scientifiques, économiques et culturels, jusqu'à favoriser l'émergence de ce que Teilhard de Chardin a appelé la « noosphère ». Chaque nation apportera ses richesses propres et découvrira un chemin d'unité.

Je suis un croyant convaincu de la promesse d'un au-delà bienheureux. Mais je constate que notre époque s'est lentement écartée de ses valeurs chrétiennes. Depuis le Moyen Âge, ce qu'on appelle « Église » et qui signifie un appel au rassemblement (du grec *ék-kaléin*, traduit en latin par *ecclesia*) que Jésus avait fondée sur les apôtres, s'est mué en une sorte d'autocratie hiérarchique, au sein de laquelle toute initiative venant d'en-bas est a priori suspecte et plutôt malvenue dans les bureaux romains. Le jésuite Teilhard de Chardin en est un brillant exemple, lui dont les investigations audacieuses ont à la fois séduit et troublé un lectorat qui, il faut le dire, est devenu peau de chagrin - bien qu'il resurgisse localement. Se vouloir indépendant au nom de la science, tout en exerçant son sacerdoce, fut un exercice difficile, pour ne pas dire dangereux. Après lui cependant il reste, avec la même espérance, à regarder au-delà, à savoir « attendre ».

Car le mot « attente » n'est pas synonyme de passivité, il signifie « tendre vers », rejoignant cet énoncé de Fabien Revol : « L'attente impatiente de la création est de trouver du sens et un accomplissement dans le projet de Dieu. Cela lui sera donné dans une perspective eschatologique ».[12]

Voici donc un essai, ardu parfois, mais tendu vers une recherche du « projet de Dieu ». Il défendra d'abord l'idée d'une écologie chrétienne émergente, symptôme d'une attente et prélude à un changement radical des mentalités. La première partie présentera diverses acceptions du terme d'écologie, en partant d'une vision teilhardienne[13] de l'évolution, devenue obsolète mais qui ouvre la voie à de nouvelles conceptions du rôle de l'homme dans l'univers.

La seconde partie, « Les ultimes enjeux de l'histoire », sondera les racines historiques et bibliques du mouvement vers un accomplissement de la Création. Cette lecture du passé, du présent et du futur tentera modestement de montrer que l'his-

---

12 Fabien Revol, 2012, *Comment parler de désir dans la Création ?* ScienceLib-Intersection. Mersenne Vol. 2 p. 36.
13 Pierre Teilhard de Chardin, voir la bibliographie.

toire a un sens, et que le tâtonnement de ses avancées fait partie du projet de Dieu, dans une relation triangulaire Dieu-Homme-Monde.

Enfin, la troisième partie ira chercher dans les prophéties la révélation du combat et de la victoire finale du Christ, qui ouvrira à tous les portes de la vie éternelle.

Première partie

Les promesses de l'écologie

Nous vivons un moment délicat, pour ne pas dire dangereux, où tout peut basculer, et qui est aussi une incroyable opportunité. Nous pouvons rebattre les cartes, nous pouvons reconstruire une nouvelle logique, nous pouvons faire la synthèse de ce que les dix-huitième, dix-neuvième et vingtième siècles nous ont légué d'extraordinaire. Parce que le génie humain nous bluffe tous les jours, nous avons des outils historiques pour tirer des leçons du passé. L'argent, il y en a; il tombe par milliards de tous les côtés. Mais qu'est-ce que nous faisons de tout ça ? Est-ce que nous faisons les choses parce que nous savons les faire, et parce que nous pouvons nous les payer, ou est-ce que nous essayons de revenir à ce qui est pour moi la signification originelle de l'intelligence : discerner et choisir. Nicolas Hulot, Pacte écologique.

Chapitre 1

Une humanité libérée

Section 1. Une crise écologique majeure

Le thème de l'effondrement est sur le devant de la scène ; des prédictions effrayantes, des chiffres accablants, l'annonce d'une décroissance « non vertueuse » – non pas celle issue de la sobriété mais celle subie par manque de ressources au sens large – nombre d'experts en climatologie, en économie ou en politique s'accordent pour nous annoncer la fin de l'abondance, des défis comme la surpopulation, des fléaux locaux d'origine humaine, la pauvreté ou des perspectives fatales en matière financière. S'y ajoutent les risques d'une guerre nucléaire, qui précipiterait un désastre mondial et anticiperait la conjonction des facteurs de crise dont la liste calamiteuse est désormais de l'ordre des faits.

Fabien Revol explique l'histoire de la crise écologique par quatre raisons, qui sont complémentaires. Selon la première version, son origine est d'ordre spirituel : « La religion est le facteur le plus puissant pour modeler les consciences et les mentalités, ce qui entraîne un certain type de comportement. Le christianisme n'échappe certainement pas à cette règle». Autrement dit, cette crise résulterait d'un christianisme occidental remontant au XIXème siècle, désinvolte par rapport à ce qui a trait au monde environnant.

En second lieu, Revol invoque la rupture de l'humain avec la nature : l'anthropocentrisme, qui remonte à la sagesse grecque et a motivé un pillage irresponsable des ressources non renouvelables.

Cette conception s'imposait jusqu'au Moyen Âge, mais vint alors la Peste noire ; on en conclut que Dieu se désintéressait du sort des hommes, et que seuls responsables de la Création, ils pourraient acquérir la toute-puissance sur la nature, pour être à l'image de Dieu.

Enfin, en référence à Francis Bacon et son *Novum Organum*, on se mit à considérer la science comme une manière d'« utiliser » et non plus simplement de connaître : la connaissance devint alors production de ce qui est utile à l'Homme pour améliorer sans cesse sa condition, d'où l'idée de progrès et d'exploitation, d'autant plus facile à réaliser que la nature est considérée comme un réservoir de matière première transformable. Les technologies pouvaient désormais se déployer indéfiniment, jusqu'à manipuler le vivant, sans la moindre limite éthique.

Les conditions d'une sortie

Quoi qu'on ait pu penser à certaines époques, la science ne parvient jamais aux limites de ses capacités. Elle a toujours su tirer parti des intuitions de pionniers, dont certaines parfois ont bouleversé les idées acquises en physique, en chimie, en biologie, en médecine, en économie et dans les sciences humaines en général. Or, pour faire des progrès réels, elle doit rester consciente qu'elle travaille par et pour la société, en anticipant les risques et les écueils des pratiques dominantes. Si les questions que posent ces pratiques sont pertinentes, les scientifiques peuvent en tirer parti, pour orienter leurs recherches et formuler, en termes simples, les ouvertures rencontrées dans leurs démarches. Entre eux et les écologistes au sens large doit donc avoir lieu un dialogue permanent. À défaut de lien entre science et intelligence collective, on aboutit à un état délabré du sol, de l'air et des eaux, un climat délétère, l'érosion de la biodiversité, des problèmes liés à l'énergie ou encore les risques de surpopulation, y compris dans les pays riches, qui n'ont pas encore compris que leurs intérêts se situent dans la lutte contre le sous-développement et non dans la compétition permanente visant à occuper les meilleures places sur l'échiquier mondial.

Or, l'énergie actuellement consommée est en quantité limitée - on n'en a pas encore inventé une forme renouvelable et autonome comme la fusion solaire - et un pic[14] est déjà atteint, au-delà duquel les énergies durables ne suffiront pas pour alimenter une économie en croissance. Le système international mis en place, qui privilégie les fossiles dans une fuite en avant, risque donc de s'effondrer, aggravant les dégâts qu'il a lui-même provoqués. La modernité semble arriver dans une impasse, un

---

14 Avec une demande de pétrole qui augmente de 2% par an, les pourvoyeurs en énergies fossiles devront ajuster leurs prix aux coûts d'extraction également en hausse. La croissance globale deviendra alors problématique.

« labyrinthe »[15] dans lequel elle ne peut plus ni avancer, ni reculer. Elle sera mise en échec et ce sera alors une « grande épreuve »[16] que connaîtront les générations futures, comme prix des errements de leurs aînés. Mais auraient-elles agi autrement sous le primat de l'ancienne alliance de l'homme et du monde ?

Section 2. Les nouvelles lectures de l'évolution

Un pionnier : Teilhard de Chardin

À vues humaines, l'avenir terrestre pourrait sembler relativement compromis ; mais dans ce décor funeste, des voix plus optimistes se sont fait entendre au fil des deux derniers siècles, comme celle de Léon Brillouin, d'Henri Bergson, d'Olivier Costa de Beauregard ou de Pierre Teilhard de Chardin. La contribution de ce dernier va nous occuper plus particulièrement, car elle embrasse d'un seul regard, en scientifique doublé d'un mystique, les racines de l'évolution. Ce prêtre jésuite était un paléontologue passionné ; sa pensée à la fois scientifique et théologique associait à sa foi en Dieu la compréhension scientifique du monde. C'étaient pour lui les deux facettes d'une même recherche sur l'évolution.

« Fort de cette vision, dit François Euvé, il va tenter de comprendre la finalité de ce mouvement, dans lequel il voit Dieu comme une force qui anime

---

15 *Cf.* Charles Hüssy, 2021, *L'ancienne alliance. Une modernité dans l'impasse ?* Le labyrinthe, l'impasse écologique.
16 « Ceux-là viennent de la « grande épreuve » ; ils ont lavé leurs robes, ils les ont blanchies par le sang de l'Agneau ». *Apocalypse* 7:14.

le monde de l'intérieur. Il décrit l'humain comme une montée décisive vers le 'Point Oméga', le rassemblement universel ultime. À ce stade clé, l'évolution n'est plus poussée simplement par le hasard et la nécessité, mais elle prend conscience d'elle-même ».[17]

Teilhard considère qu'il n'est pas un seul être qui ne soit vivant ; la matière elle-même serait dotée d'une puissance spirituelle. Selon lui, la spiritualité, l'esprit, le sens est un attribut de la matière et relève de la physique. C'est un des arguments qui lui ont valu l'opprobre de l'orthodoxie thomasienne. Dans un recueil de textes publié sous le titre *L'avenir de l'Homme*, il entreprend l'histoire du salut sous les vocables « univers en attente, esprit de la terre, sens christique ». Un vocabulaire qui à la fois étonne et suscite une certaine admiration ; car en dépit de ses présupposés épistémologiques parfois discutables, il a ouvert une voie très féconde vers une christologie cosmique, à même de professer un certain optimisme, au-delà d'une lucidité désemparée sur l'avenir terrestre. L'originalité de son discours a suscité peu d'émules, bien que quelques esprits éclairés lui aient emboîté le pas en prolongeant sa redécouverte de la place de l'homme dans le plan divin et celle de son futur rayonnement dans l'univers.

« Le sens cosmique est le sens de la totalité, de la connexion intime entre les êtres. Le monde n'est pas composé d'entités juxtaposées, fonctionnant indépendamment les unes des autres. Ce que

---

17 François Euvé, 2015, *Pour une spiritualité du Cosmos. Découvrir Teilhard de Chardin.*

découvre la science de l'écologie, c'est-à-dire des interdépendances, doit pouvoir se généraliser à l'échelle de l'univers dans son ensemble. [...] Car le cosmos n'est pas une poussière d'éléments inconscients. Il est fondamentalement et premièrement vivant. »[18]

Teilhard voit un terme « psychique » à l'évolution, dans le sens d'un effacement progressif de la matière.[19] Ma conception personnelle est très différente, elle se projette dans l'au-delà du temps, au terme duquel le monde renouvelé[20] par la victoire finale du Christ, en corps et en esprit, va progresser indéfiniment vers la perfection. Une longue évolution aura permis l'apparition de cet être unique[21], qui culmine au sommet de la chaîne de la vie ; son message se propagera dans l'univers des galaxies, lui annonçant la royauté du Christ.

Un Dehors et un Dedans des Choses

Cette formule fait toute l'originalité de la pensée de Teilhard. « Le moment est venu de se rendre

---

18 *Ibidem* p. 63. Tout dans la nature est relation.
19 Ce disant, il est en pleine contradiction avec le dogme chrétien de la résurrection des corps.
20 Cf. *infra l'Apocalypse de Jésus-Christ*. Troisième partie, chapitre 2, section 4 : La nouvelle Jérusalem.
21 « L'Homme, non pas centre statique du monde - comme il s'est cru longtemps ; mais axe et flèche de l'Évolution, ce qui est bien plus beau. [...] Du point de vue expérimental qui est le nôtre, la Réflexion, ainsi que le mot l'indique, est le pouvoir acquis par une conscience de se replier sur soi, et de prendre possession d'elle-même comme d'un objet doué de sa consistance et de sa valeur particulières : non plus seulement connaître, mais se connaître ; non plus seulement savoir, mais savoir que l'on sait ». Pierre Teilhard de Chardin, *Le phénomène humain.*, p. 24.

compte qu'une interprétation, même positiviste, de l'Univers doit, pour être satisfaisante, couvrir le dedans, aussi bien que le dehors des choses, l'Esprit autant que la Matière. La vraie Physique est celle qui parviendra, quelque jour, à intégrer l'Homme total dans une représentation cohérente du monde ».[22]

« Puisque, en un point d'elle-même, l'Étoffe de l'Univers a une face interne, c'est forcément qu'elle est biface par structure. [...] Sous ce feuillet Mécanique initial il nous faut concevoir, aminci à l'extrême, mais absolument nécessaire pour expliquer l'état du Cosmos aux temps suivants, un 'feuillet biologique'. [...] Par cette expression je désigne la face 'psychique' de la portion d'Étoffe cosmique encerclée, au début des temps, par le rayon étroit de la Terre juvénile. La Terre juvénile, de par sa composition chimique initiale, portait la Prévie en elle, et celle-ci est en quantité définie. Toute la question est de préciser comment, à partir de ce quantum primitif, essentiellement élastique, tout le reste est sorti ».[23]

En même temps, son insistance sur le devenir de la matière, vouée à laisser place à l'esprit, fait de lui un philosophe spiritualiste.[24] Il croit que l'apparition de la vie est le déploiement d'un esprit présent dès l'origine, qui se dégagerait de la matière. Or, sachant que les particules élémentaires ne peuvent s'assembler spontanément mais qu'elles

---
22 *Ibidem* p. 23.
23 *Ibidem* p. 44.
24 Teilhard considère qu'il n'est pas un seul être qui ne soit vivant ; la matière elle-même serait dotée d'une puissance spirituelle.

nécessitent une impulsion extérieure capable de la faire changer de nature, la vie échappe à toute explication scientifique. La vie est un fait nouveau dans la cosmogénèse, inexplicable mais qui doit reposer sur un plan sous-jacent, lequel aurait piloté l'émergence de cellules et d'organismes. « Il est impossible d'expliquer la vie en elle-même, en partant de ses apparitions dans l'expérimentation génétique ou la biologie moléculaire; impossible de comprendre comment un ensemble de cellules est capable de s'assembler pour former un organisme autonome. La probabilité qu'un virus se forme spontanément au bout d'un milliard d'années de soupe terrestre précédant l'apparition de la vie, semble être de 10 à la puissance négative de deux millions »[25].

L'homme donnant sens à la matière

Cette conception « intrinséciste »[26] est contredite par les découvertes récentes de la sémiologie de la connaissance. Tout objet présente effectivement deux faces, l'une physique et l'autre « psychique ». Mais cette face cachée est tout bonnement le sens reconnu par un acteur à cet objet, la destination qu'on lui assigne, bref, sa signification dans un certain contexte.[27] En géographie, ma discipline, par exemple, l'objet d'étude, le territoire, est une réalité bifaciale composée d'un espace physique et

---

25 Trinh Xuan Thuan, *Le chaos et l'harmonie. La fabrication du réel.*, p. 449.
26 Conception qui lie intrinsèquement, c'est-à-dire nécessairement, le Dedans et le Dehors des choses.
27 Ferdinand de Saussure, dans son *Cours de linguistique générale*, le résume ainsi : « C'est le point de vue qui fait la chose ».

d'un univers social toujours présent : la territorialité vécue anime le territoire.

À la différence donc de Teilhard, le « sens » ou le signifié (associé au signifiant matériel) qu'il désigne comme un « feuillet de conscience »[28] ne précède pas la signification de l'objet, il relève d'un point de vue sur cet objet, lui-même lié à une certaine pratique (une pierre peut être interprétée comme un ingrédient du béton, ou comme une arme, un jouet, etc). L'épistémologie teilhardienne est par ailleurs contredite par les données de la physique : il existe bel et bien un univers inanimé. L'erreur de Teilhard a consisté à édifier toute sa cosmologie sur un présupposé spiritualiste : l'esprit préexiste dans la matière et tend à la sublimer.[29]

Section 3. Montée de conscience et naissance de la Pensée

En plein climat d'entropie, à savoir de dégradation de l'énergie, dit Costa de Beauregard, « en un point l'étoffe cosmique non seulement ne se désagrège pas, mais encore, par une sorte de fleur d'elle-même, elle se met à se vitaliser ».[30] Ainsi apparaît

---

28 Tout objet matériel contiendrait un « feuillet de conscience ». Ces audaces (sur l'évolution notamment) furent désapprouvées par Rome, qui le pria de s'en tenir au domaine scientifique.
29 L'esprit est pour Teilhard une grandeur physique toujours croissante. Ce qui implique pour lui qu'il ne peut y avoir de phénomène de régression.
30 Olivier Costa de Beauregard, 1963, *Le second principe de la science du temps. Entropie, information, irréversibilité.*, thèse complémentaire, éd. du Seuil.

une sorte de sagesse de la terre, une intelligence universelle.

L'hominisation, montée de la vie jusqu'à l'homme, donne sens à l'histoire, elle occupe son centre. Par l'homme qui désormais « sait qu'il sait » (*Homo Sapiens Sapiens*), le monde des créatures converge après s'être dispersé, il prend forme et prend sens. « En dépit des forces de division toujours actives, l'humanité tend vers quelque point de maturation »[31]. L'histoire parviendra un jour à son terme et ouvrira un avenir incertain. Elle aura atteint le fameux Point Ôméga, mais notre espèce oscillera entre le dépassement d'elle-même et le retour au chaos.[32]

L'homme au sommet de l'évolution

Physiquement parlant, l'homme en tant qu'organisme vivant a accompli l'histoire du cosmos. Pour qu'elle continue, il doit faire corps et unir ses forces, se préparer à faire face à des catastrophes écologiques dont il sera lui-même responsable : un climat devenant délétère, une économie incapable de nourrir ses habitants faute de nouvelles sources d'énergie, une raréfaction des matières premières et des terres arables, par paralysie des activités productives. Il est désormais seul garant de sa propre survie dans un univers qui, s'il échoue, pourrait voir surgir ailleurs dans l'univers une évolution similaire.[33] En revanche, l'inventivité hu-

---

31 Pierre Teilhard de Chardin, 1956, *La place de l'homme dans la nature* p. 11.
32 Voir la Figure 3. La montée vers Ôméga.
33 Certains savants considèrent comme probable l'existence sur d'autres planètes d'une forme de vie comparable à la nôtre. Se poserait alors la question d'une conscience aussi

maine est capable de faire grandir encore son horizon, si elle garde au cœur la passion de croître, de persévérer au lieu de « jeter le gant », de faire grève, de se désintéresser du mouvement qui l'appelle en avant. « L'issue du Monde, écrit Teilhard, les portes de l'avenir ne céderont qu'à une poussée de tous ensemble, dans une direction où tous ensemble peuvent se rejoindre.[34] Nous n'espérerons jamais assez de l'unité humaine croissante. [...] Le Monde s'achèvera dans la mesure où nous nous jetterons avec plus de confiance dans la direction de ce qui n'est pas encore réalisé; la confiance force les limites du déterminisme et discipline le hasard ».Vue en positif, l'Humanité avance lentement vers une communion totale. Elle en est encore loin, si on observe toutes les entraves qui bloquent son avancée vers la perfection. Perverties par le pouvoir, nos sociétés avancent en ordre dispersé, les unes démunies du minimum vital, car exploitées, les autres très en avance sur le plan matériel, technologique et détentrices des capitaux dégagés par un jeu financier fondé sur la croissance. « La critique de la notion de progrès, le doute sur sa pertinence, la prise de conscience de ses effets pervers, aggravés par une crise climatique dont on se demande si l'humanité pourra venir à bout, tout cela provoque une panne d'espérance ».[35] Seule une *métanoia*[36], que Michel

---
    évoluée, tout comme celle d'une incarnation de Dieu et d'un salut par le Christ.
34 D'où son expression, synonyme de montée vers Ôméga, d'« amorisation du monde ».
35 François Euvé *op. cit.* p. 179.
36 Un changement de regard, qui voit la pensée et l'action se transformer de façon fondamentale.

Maxime Egger définit comme une « mutation écospirituelle », peut inverser les choses, un autre genre de vie, moins gaspilleur, la suppression des inégalités et la conviction qu'un salut collectif peut suivre l'effondrement.

L'impulsion créatrice de la vie, l'élan vital insufflé à la matière confère à l'homme la maîtrise du vivant au sommet de l'évolution. En exerçant cette liberté, il porte aussi une responsabilité, car il est, comme dit Élisée Reclus, capable d' »embellir la terre, mais aussi de l'enlaidir. »[37] Même sur des monceaux d'énergie matérielle, sous l'aiguillon de la peur, l'humanité sans le goût de vivre pourrait bientôt cesser d'inventer et de créer pour une œuvre qu'elle saurait d'avance condamnée. Atteinte à la source même de l'élan qui la soutient, elle se désagrégerait et tomberait en poussière.

« Si le progrès est un mythe, dit Teilhard, c'est-à-dire si devant le travail nous devons dire : 'A quoi bon ?', alors notre effort retombe, entraînant dans sa chute, puisque nous la sommes et l'incarnons, toute l'Évolution ».

Une évolution programmée

Au premier rang des évolutionnistes qui croient en une programmation de la montée du vivant sur la planète, on doit encore citer Pierre Teilhard de Chardin, dont la conception du progrès est double ; en scientifique, il ne traite que de « coûts d'entropie », n'étant pas encore interpellé par le concept de « néguentropie » qui fut créé par Brillouin[38] puis

---

[37] Élisée Reclus, 1930, *L'Homme et la Terre.*, éd. Albin Michel.
[38] Un mathématicien et physicien français : *Science and Information Theory*, 1956. Il a proposé cette formule pour

développé par Costa de Beauregard sous les vocables « syntropie » ou « entaxie »[39]. C'est sa théologie mêlée de connaissances en physique qui l'amène à croire que la matière doit disparaître au profit de la conscience. Cet amalgame entre l'entropie, notion première découverte par Sadi Carnot en 1826, ainsi nommée par Rudolf Clausius en 1865, un principe thermodynamique et donc scientifique, et une vérité de foi n'est aujourd'hui plus admis. En fait, la matière physique ne disparaît pas mais elle retourne à son désordre initial, après avoir épuisé l'énergie qui l'animait. On ne trouve dans les textes sacrés aucune allusion à une disparition du monde et le Christ a promis une résurrection des corps. Le problème qui subsiste est celui de la vie, qui reste ouvert mais qui évolue dans un sens positif, comme le démontre l'observation, au point de conférer à la matière une capacité de se « recycler ».

Une évolution créatrice

Cette vision d'une évolution « dirigée » est complétée par une autre théorie plus récente, qui s'appuie sur la notion de « néguentropie ». Physicien audacieux, Olivier Costa de Beauregard a mis en doute l'optique unilatérale d'une thermodynamique mécaniste, par une vision selon laquelle « l'entropie n'est pas un 'avers patent' sans un 'revers caché' ». Dans toute transition physique, tout événement spontané « quelque chose, l'ordre, inéluctablement se perd mais en même temps, merveilleusement, quelque chose se crée en suscitant les formes de vie terrestre, ce quelque chose que l'éty-

---

remplacer l'expression « entropie négative ».
39 De « en- » et « taxie » : une création d'ordre.

mologie (quelquefois trompeuse et souvent révélatrice) appelle, en biologie, en psychologie, en cybernétique, formation, formulation, information. L'énergie-matière et l'information forment l'avers et le revers d'une même médaille ».[40]

Alors que l'entropie est considérée comme un retour au désordre, elle dissimule désormais un processus complexe, adaptatif, l'expérience accumulée au fil des temps géologiques : la néguentropie.

Si l'on tente de concilier les deux visions, celle de Teilhard et celle de Beauregard, on peut admettre, l'expérience acquise étant cumulative, qu'ont été données les conditions d'apparition de la vie, dans l'interaction de l'esprit et de la matière. Toutefois, les deux types d'évolution ne sont pas identiques ; d'un côté, chez Teilhard, l'esprit prend le pas sur la matière, au lieu que toutes deux coexistent, se développent et perdurent. Dans la version de Costa de Beauregard, un pas de plus est franchi : l'avers et le revers progressent de concert ; le monde avance lentement vers les formes supérieures de vie, pour autant que soit donnée, à un moment précis du temps, une impulsion[41] à même de permettre la fusion d'éléments physico-chimiques.[42] Selon cette version naturaliste plus vraisemblable, l'évolution

---

40 *Cf.* Charles Hüssy, 2021, *L'ancienne alliance. Une modernité dans l'impasse ?* 1.11 Revisiter les données de la thermodynamique.
41 Selon les deux hypothèses, l'évolution suppose un élan créatif dont est issue l'espèce humaine.
42 Une impulsion très semblable fut proposée par Henri Bergson, dans son ouvrage *L'Évolution créatrice*. À un moment donné, une force nouvelle a animé la matière. Et selon lui, la conscience est intimement liée à la vie, elle est immanente et peut prendre différentes formes.

ne va pas vers l'émergence d'un pur esprit, mais au contraire elle se dirige vers l'accomplissement d'un être parfait. En adoptant une telle vision, on rejoint la trame chronologique de la Création dans le Livre de la Genèse.

Le terme de l'évolution

L'idée de terme implique un but, un aboutissement, quelque chose de nouveau qui donne sens à l'histoire. Teilhard l'exprime à sa façon, dans la vision d'un univers glorifié qui est la sienne, comme étant la souveraineté du Christ. « Par l'Incarnation, qui a sauvé les hommes, le Devenir même de l'univers a été transformé, sanctifié; le Christ est le terme de l'évolution, même naturelle, des êtres ; l'Évolution est sainte. [...] Le Christ a un Corps mystique, répandu dans l'univers tout entier ».[43]

Et son commentateur François Euvé découvre une image de ce Dieu plongé dans l'humanité, demandant le baptême à l'étonnement de Jean-Baptiste. « La fine pointe du christianisme, dit-il, se montre pour Teilhard dans la conception chrétienne de l'Incarnation de Dieu et une expression forte en est le baptême du Christ dans les eaux du Jourdain. Dieu lui-même s'immerge dans les éléments du monde : il les sanctifie. Et comme le dit saint Grégoire de Nysse, il en sort ruisselant, soulevant avec lui le Monde ». Le baptême de Jésus par Jean-Baptiste, qui en recevant l'Esprit fait entrer le Christ dans sa vie publique, est une manifestation parfaite du mystère de la Trinité.

---

[43] Pierre Teilhard de Chardin, 1916, *La Vie cosmique.*, p. 69.

Teilhard en est convaincu : l'influx organisateur du Christ incarné est en action perpétuelle. Cette certitude fait toute la différence avec une attitude communément admise de scepticisme, voire d'hostilité envers la conception chrétienne de l'histoire. Cet irréductible « expectant » associe le génie humain, l'« esprit de la terre », à la rencontre parousiaque avec Dieu. En même temps, il exprime le regret de voir s'éteindre la flamme de l'« attente » des premiers temps, au sein de l'unité humaine croissante. « Chrétiens, chargés après Israël de garder toujours vivante sur Terre la flamme du désir, vingt siècles seulement après l'Ascension, qu'avons-nous fait de l'attente ? [...] Nous ne saurons jamais tout ce que l'Incarnation attend encore des puissances du Monde ».

Car au-delà d'une « longue épreuve », selon l'expression de l'auteur de l'*Apocalypse*, l'humanité ira vers d'autres modes de vie. Elle pourra y faire face car elle privilégiera désormais une agriculture durable en lieu et place des « ruines écologiques » engendrées par la monoculture intensive. On reviendra à un usage plus mesuré des éléments vitaux comme le sol dégradé, l'air pollué, l'eau viciée et devenant rare. Sous un climat redevenu agréable après l'abandon des énergies fossiles, mais au prix d'une longue période d'épreuves, l'alliance entre l'homme et le monde – nouvelle alliance historique[44] - avancera vers la perfection, l'harmonie, par une réelle prise en compte des enjeux écologiques.

Un jour, l'humanité frappée par des épreuves de son propre fait se souviendra de l'attente ; les

---

44 Voir la Figure 2.

hommes se tourneront alors « vers celui qu'ils ont transpercé ».[45]

---

[45] *Jean* 19:37.

Chapitre 2

Une écologie intégrale

Section 1. Écologies et écologie humaine

Le terme « éco-logie » désigne littéralement une science de l'« habiter ».[46] L'écologie « générale » s'occupe d'illustrer ce que l'on a appelé la « grande bascule », dans le contexte actuel de difficultés climatiques, sanitaires, énergétiques, économiques, démographiques, immédiates ou à venir. Les découvertes scientifiques, débouchant sur les conquêtes insatiables de l'homme au mépris des équilibres naturels, l'ont placé dans une situation dangereuse et bloquée, apparemment irréversible, qui évoque un labyrinthe ; l'homme s'est fourvoyé, lui-même emprisonné. Le système mondial actuel s'est « mis en tendance » par une explosion démographique, l'épuisement progressif des sources d'énergie et des matières premières, réduction des sols cultivables, empoisonnement des écosystèmes agricoles par les

---

46 *Cf.* Charles Hüssy, *Une nouvelle Alliance. Nourrir une espérance pour l'après-effondrement.*, Annexe I. Les principes organisateurs de l'habitation.

pesticides, érosion rapide de la biodiversité, crise alimentaire, fin du pétrole à bon marché ou encore, inégalités devant la détresse écologique... Les pratiques de notre civilisation conduisent vers l'abîme.[47] Selon *Science et Vie* (hors série 243, 2008), les réserves d'or au rythme actuel d'extraction s'épuiseront à l'horizon de dix ans et l'argent, le cuivre, de vingt ans; le zinc, le plomb, au même rythme. Leur recherche à plus grande profondeur supposera une très grande dépense énergétique. Actuellement, il faut une tonne de pétrole par tonne de cuivre, mais vingt tonnes pour une tonne d'aluminium extraite de la bauxite. À quoi on doit ajouter la raréfaction des terres rares et la consommation effrénée des bancs de sable. Tout cela procède non seulement d'un anthropocentrisme forcené, mais aussi d'un utilitarisme persistant : c'est sous cet angle funeste que l'être humain reconnaît une valeur à la nature. Or, la vraie valeur des ressources est fondamentale. « La nature telle qu'elle est en soi n'existe pas, il n'y a que la nature pour quelqu'un ».[48]

Depuis la révolution thermoindustrielle, notre planète a basculé dans un état inédit. Les traces de cet âge de pollution chimique et nucléaire resteront des milliers voire des millions d'années dans les

---

47 « On est tous foutus » affirmait Jean-Marc Jancovici, ingénieur spécialiste du climat dans une série d'interviews et de conférences. Une partie de notre destin n'est déjà plus entre nos mains. On n'a pas le temps d'attendre. Et on se paie de bons mots, on n'est absolument pas dans l'action.
48 Juan Carlos Valverde Campos, 2016, *De l'écologie à l'écosophie. L'intuition de Raimon Panikkar*. Thèse, École doctorale de théologie et sciences religieuses. Université de Strasbourg, p.183.

archives géologiques de la planète. Ses effets à moyen et long terme soumettront les sociétés humaines à des difficultés considérables. « L'homme est sans doute un être privilégié, le sommet de l'évolution. Mais aussi un être très fragile, le plus fragile de tous les vivants. La crise écologique a relancé ce questionnement ».[49]

Écologie et démocratie

« Gouvernement par le peuple pour le peuple ». Une vraie démocratie peut se prétendre écologique à condition, écrit Valverde Campos, qu'elle soit participative, communautaire et interculturelle. « Cela veut dire que les institutions tiendront comme principes de base des valeurs telles que la solidarité, la réciprocité, la complémentarité, entre autres. [...] L'écologie n'est plus une affaire d'experts ; chaque citoyen prend peu à peu conscience, non seulement de son droit à être informé, éduqué, mais aussi d'avoir accès aux décisions par une forme de démocratie directe. Cet idéal est contrecarré par les différences idéologiques et par le manque de contact entre dirigeants et dirigés. Or, le paradigme politique essentiel est aujourd'hui celui de l'identité. Il agence toutes les questions qui agitent la société : identités féminines, masculines, transgenres, ethniques, sociales, culturelles, religieuses etc. La revendication identitaire se propage pour dénoncer les différentes oppressions ».[50]

La démocratie conditionne tous les secteurs de la société. Mais alors que nous baignons dans le

---
49 *Ibidem*, p. 23.
50 « Le principe ou point de départ est toujours la communauté comme système de relations ». *Ibidem* p. 606.

sentiment d'une liberté totale, les gouvernants imposent des choix qui échappent à la majorité de la population. C'est ainsi que par volonté politique, l'université est désormais au service de l'économie et privilégie les formations porteuses de débouchés, ce qui nuit à la recherche fondamentale et à l'interfécondation des savoirs. En écologie comme en d'autres domaines, alors qu'il devrait être rassembleur, le savoir est fragmenté ; il est loin de ce qu'on appelait le *Studium generale* associant sciences physiques et sciences humaines. Or elle est, par essence, non seulement interdisciplinaire, mais transdisciplinaire et suppose que le biologiste prenne pied dans l'explication, par les sciences humaines, du problème des risques en relation avec l'habitat ou de l'érosion de la biodiversité. À l'inverse, l'écologie humaine ne peut se passer des diagnostics scientifiques lorsqu'elle doit rechercher des ensembles d'éléments pour construire ses simulations.

Selon Alexandre Dianine-Havard[51], « l'institution universitaire a failli à sa mission de formation.[52] La crise du monde moderne n'est pas une crise de

---

51 Alexandre Dianine-Havard Interview du 29 septembre 2029, *Le leadership vertueux*.
52 François Dubet a consacré une grande partie de son œuvre à déconstruire les figures de l'institution moderne et à en pointer les insuffisances dans l'époque actuelle. « Ce cadre institutionnel conçu à cet effet ne permet plus de répondre aux objectifs démocratiques de l'égalité des places dans le domaine scolaire ou de la réduction des injustices sociales dans le domaine du travail. Au contraire, ces cadres institutionnels s'avèrent alimenter un système qui fabrique de l'exclusion. » Sociologue, professeur émérite à l'université de Bordeaux et directeur d'études à l'EHESS.

l'information, mais une crise de la formation et de l'éducation. L'université 'vend de l'information', alors que la formation, c'est la formation du caractère ; elle touche aussi bien le cœur et la volonté que l'intelligence. Avec ça, on ne forme pas des gens sages, on forme des êtres intelligents mais qui n'ont pas de cœur, ni de volonté. La société occidentale ne transmet plus le sens du bien, du beau, de la Grandeur, ni le sens de la souffrance. L'intellect de l'être humain d'aujourd'hui n'est plus relié au cœur ni à la volonté, mais il fonctionne en vase clos. Au lieu de former des êtres rationnels, on forme des rationalistes. C'est une source de frustration, une forme de castration de la raison. Il faut que le cœur, l'intelligence et la volonté fonctionnent constamment main dans la main, sans quoi on crée des êtres difformes, des rationalistes, des sentimentalistes, des volontaristes sans cadre moral qui se dispersent dans tous les sens. »

Il s'y ajoute une crise institutionnelle au sein des universités. D'une part elles ne sont plus hégémoniques dans la production du savoir et d'autre part, et en conséquence, plus seules chargées de la formation des cadres face aux médias et aux grandes entreprises.

L'écologie intégrale laïque

Initiée par Zimmermann et Sean Esbjörn-Hargens, l'écologie intégrale laïque a pour visée de concilier l'écologie humaine avec l'écologie environnementale classique, mais elle le fait sans se préoccuper des origines et du destin de l'humanité, sans non plus s'inquiéter de la mise à l'écart de toute croyance. L'homme n'est pas le maître du monde, et la Terre n'est ni inférieure ni supérieure à lui. Aussi doit-il abandonner le système mis en place avec l'avènement du « tout à l'argent ».

Ce militantisme est fondamentalement politique, avec les risques de dérive que cela comporte. Car à l'opposé d'une démocratie idéale, une « dictature verte » pourrait émerger d'une gouvernance autocratique agissant dans l'urgence sans consulter la base citoyenne. En termes politiques, l'action écologique se doit d'être consultative, pluraliste, pour ne pas sombrer dans un autoritarisme peu soucieux des problèmes d'environnement.

Mais l'écologie laïque est sur le point de montrer ses limites. Déjà de nombreuses personnes sont conscientes, sans se dire croyantes, qu'un principe transcendant anime ce monde. Elles associent ce pressentiment à la détérioration en cours. Car le XXIe siècle va être celui du « retour de bâton ».

Selon le philosophe catalan Raimon Panikkar,[53] « Le système actuel ne peut pas apporter une réponse satisfaisante car il a éliminé la transcendance ». Il faudrait un changement radical de cap qui « prenne en compte, par exemple, la contribution des artistes et des différentes cultures ».[54] Panikkar place l'accent sur les rapports entre politique et culture. La culture devrait façonner la politique, au lieu de subir les effets de la mondialisation. Pour atteindre ces objectifs, il faudrait

---

[53] Le philosophe théologien catalan Raimon Panikkar Alemany (1918-2010) était un prêtre spécialiste du dialogue interreligieux hindou-chrétien. Ses idées viennent d'être mises en évidence dans une thèse, traitant d'une spiritualité « cosmothéandrique » ou « écosophique ».

[54] Raimon Panikkar, in Valverde Campos op. cit. p. 321.

conclure avec notre monde une « nouvelle alliance », ce que préconise mon deuxième ouvrage de 2021.[55]

L'écologie intégrale chrétienne

La formule « écologie intégrale chrétienne », qui intègre la relation entre Dieu, l'homme et le monde dit que Dieu est sans cesse en train de créer ; les créatures participent à leur propre création.

Les initiatives allant dans le sens chrétien de l'écologie vont se multipliant. Déjà le pape Jean-Paul II déclarait en 1979 saint François d'Assise patron des écologistes. Le souci écologique s'exprime explicitement pour la première fois dans l'Encyclique *Caritas in veritate* de Benoît XVI en 2009. On perçoit des réticences de la part de certains milieux catholiques craignant du coup d'être marginalisés dans leur engagement par des équipes pastorales, ou d'un vieux clergé, qui persistent dans leur indifférence sur les sujets écologiques et redoutent qu'on en arrive à « sacraliser » la nature, voire à rejoindre des politiques partisanes.[56] Ce fut le cas

---

55 Sur le site https://auteurs.harmattan.fr/charles-hussy
56 Par rapport à l'écologie chrétienne, Ludovic Bertina opère une distinction entre des « catholiques d'ouverture » et des « catholiques d'identité », selon qu'ils mettent l'accent sur leur intérêt vis-à-vis des mouvements écologistes ou sur leur identité propre. « Loin d'être antagonistes, ces deux tendances se complètent et recherchent un consensus ». Ludovic Bertina, 2017, *Construction d'un pôle de l'identité dans le militantisme catholique. L'exemple du « Courant pour une l'écologie humaine. In* Dumons B. et Gugelot F. (dir.) *Catholicisme d'identité : regards croisés sur le catholicisme français contemporain (1980-2017).*, éd. Karthala.

dans les années soixante de la part de catholiques de gauche en France.[57]

Pourtant, cette prise de conscience n'est pas venue de la théologie, elle s'est déclenchée sous la pression des événements, variable selon les cultures et les mentalités nationales et plus tardivement, dans le catholicisme. Il y a donc un retard à rattraper : « Le travail des catholiques écologistes en interne comme en externe est de prouver au reste de la population que la tradition chrétienne a des ressources spécifiques pour répondre aux défis écologiques d'aujourd'hui ».[58]

Sous l'influence des critiques adressées à une interprétation littérale du livre de la Genèse, la doctrine passe progressivement de la notion de l'homme « maître de la nature » à celle d'« homme gardien ». Cette nouvelle mission d'ordre moral ne doit pas toutefois détourner les croyants des enjeux liés à la crise écologique, ni les diviser en retardant ce « rattrapage », en faisant taire un discours fort, univoque et audible. Ce discours éthique est apparu dans le sillage des catastrophes écologiques et des événements politiques comme les Sommets de la Terre à Rio en 1992 et en 2012.

---

[57] « Ces chrétiens de gauche, constate Denis Pelletier, ne semblent plus compter sur la politique, mais plutôt tabler sur une parole ou des engagements individuels ou communautaires, qui réveilleraient les politiques... et les Églises. » D. Pelletier, J.-L. Schlegel (dir.), 2012, *À la gauche du Christ, les chrétiens de gauche en France de 1945 à nos jours.*, Paris, Seuil.

[58] Ludovic Bertina, *Écologistes mais pas verts : des catholiques aux prises avec la question politique.* Actes du Colloque Penser l'écologie politique : sciences sociales et interdisciplinarité. 13 et 14 Janvier 2014, Paris VIII.

Venant compléter, dans l'écologie intégrale chrétienne, la relation de l'homme avec Dieu, l'amour de la nature a pris le pas sur son exploitation depuis saint François d'Assise.[59] L'homme disparaît s'il oublie qu'il a été fait d'argile et reste un terrien. La Création entre comme troisième terme dans la relation entre l'homme et Dieu.[60]

La contribution des religions chrétiennes doit s'inscrire dans un futur fondé sur l'amour. Il est inutile de chercher à imaginer ce qu'on devient après la mort si, en accueillant le Christ pascal, on ne commence pas dès maintenant à devenir des vivants. Croire au Ressuscité, c'est croire en des rebondissements possibles, en un nouveau départ de Pâques. Car la Pâque est un « passage » auquel nous convie le Père qui nous aime. Il souffre de nous voir retenus dans notre élan de vie ; il achemine sa Création vers le jour du retour de son Fils, partageant sa vie à jamais.

Critiques à l'endroit de l'écologie chrétienne[61]

Les milieux écologistes pensent volontiers que le christianisme est incompatible avec leurs valeurs. Certains même, comme Lynn White, théologien presbytérien, affirment qu'il est à l'origine de la

---

59 *Cf.* Ilia Delio, 2003, Author's Introduction *in A Franciscan View of Creation : Learning to Live in a Sacramental World*. The Franciscan Heritage Series. Part 1.
60 Une relation d'attente ; Paul en fait un leitmotiv, notamment dans Romains 8:19-21. *Cf.* Fabien Revol, 2012, *Comment parler de désir dans la Création ?*
61 Qui, soit dit en passant, n'est ni moderniste (nouvelle interprétation des croyances et des doctrines traditionnelles) ni moralisatrice (défense de la vie jusqu'au mépris de l'humain), ni traditionaliste.

crise, parce qu'il prône la domination de l'homme sur la nature.[62] Un argument qu'il brandit est que l'alliance de la science et de la technique au XIXème siècle, avec tous les ravages qu'elle a causés, est en continuité avec l'enseignement chrétien. La volonté de puissance serait le fruit de la conception chrétienne de l'homme image de Dieu ; White en tire prétexte pour mettre en cause la religion, en ce qu'elle pèse lourdement sur les mentalités. Il fait une extrapolation d'une façon occidentale de vivre le christianisme, au christianisme dans son ensemble. Il confond le mode de vie chrétien de l'Occident et le christianisme en tant que religion universelle, qui se diversifie selon les priorités intellectuelles et mentales dans lesquelles il est immergé.[63]

L'absurdité de ce procès fait au christianisme se démontre en trois temps. Un : le Créateur avait confié son œuvre à un être qui devait en profiter mais qui, l'ayant déçu, s'est vu accablé de maux tels que la mort, la douleur et la honte. Deux : depuis la venue du Christ, cette malédiction est levée, hormis la mort, qui n'est qu'un passage vers l'éter-

---

[62] « L'homme et la nature sont séparés, et l'homme est le maître ». Formule lapidaire qui travestit et caricature le début de la *Genèse*, utilisée par White pour incriminer le christianisme. Cf. White L. T., 1967, *The Historical Roots of Our Ecologic Crisis*, Science, New Series, Vol. 155, No. 3767. Voir Hüssy, 2021, *Une Nouvelle Alliance. Nourrir une espérance pour l'après-effondrement.*, 2.18 Le procès de Lynn White contre le christianisme.

[63] « White fait un cliché issu de la façon dont le Christianisme occidental a été vécu au XIXème siècle ». F. Revol, 2022, *Les causes chrétiennes de la crise écologique ? De la vérité de la crise écologique.* Cf. Bibliographie.

nité. Troisième temps, l'Occident vecteur de sa conception de la foi impose sa vision, qui donne toute liberté dans l'usage des ressources, au prétexte que la Bible la légitime et par là autorise tous les abus de la modernité. Une perte d'intimité entre l'humain et la nature a conduit à la désacralisation de la création, puis à sa « chosification », ne lui attribuant finalement qu'une valeur utilitaire. À l'en croire, pour conclure, cette modernité qui se distancie de plus en plus du religieux, serait en train de détruire la planète, à cause du christianisme dans son ensemble.

Retrouver le sens premier du message chrétien, qui a été souvent déformé, c'est le défi qui doit être relevé. Pour ce faire, il va falloir changer de regard sur la nature-ressource, et que de leur côté les sciences prennent davantage en compte des interrogations d'ordre spirituel. Mais ceci dit, une foi sans esprit critique peut conduire à l'intégrisme ; elle fait émerger des sectes fondamentalistes, des pratiques religieuses « faciles et à bon marché », comme dit Toma Halik : « Si l'Église doit être une Église et non une secte repliée sur elle-même, elle doit subir un changement radical dans la perception qu'elle a d'elle-même et de son ministère auprès de Dieu dans ce monde. [...] Lorsque la religion se transforme en contre-culture, il en résulte une ghettoïsation malsaine ».

Vers une « sobriété heureuse »

La culture moderne a peu à peu transformé la nature en pur objet d'usage et de domination. Pour s'affranchir de l'esclavage des biens matériels, l'écologie intégrale chrétienne prône une certaine pauvreté qui n'est pas la misère, mais l'antidote à une rationalité utilitariste.[64] Elle intègre un sens de Dieu Créateur au-dessus de l'amour du prochain et des créatures. La sobriété heureuse est un courant de pensée contemporain à la base de l'écologie intégrale, qui s'inspire largement de l'esprit franciscain. François d'Assise considérait les créatures comme des sœurs et des frères avec lesquels il faut vivre en paix : c'est la raison d'être de l'écologie intégrale chrétienne, en contre-pied à l'utilitarisme ambiant. On retrouve le même esprit dans d'autres cultures. « Vivre tous simplement, prêchait Gandhi, pour que tous puissent simplement vivre ».

« La crise écologique, écrit Fabien Revol, joue un rôle d'avertisseur qui fonctionne comme un appel à la conversion, à un nouveau mode de vie, à la sobriété heureuse. [...] C'est un appel à un changement de modèle économique, dans la mesure où la logique du profit contrevient au véritable développement et favorise la destruction de la planète tout en creusant les inégalités. Cela passe par la prise en compte des cultures et traditions locales, leur sagesse et leur rapport traditionnel avec la nature, dans le cadre de la famille et dans le patrimoine religieux ».[65]

Section 2. Humanisme et amour du prochain

---

64 C'est l'esprit des Ordres Mendiants. *Cf.* Nicolas Ridoux, 2006, *La décroissance pour tous*, éd. Parangon.
65 Fabien Revol, *La figure de Saint François d'Assise, modèle pour l'écologie intégrale*. *In* Antonianum XCVI. « Le lien entre incarnation du Christ et création est la caractéristique fondamentale de la tradition franciscaine ».

Vrai et faux humanisme

Il existe un faux humanisme qui considère le mouvement écologiste comme un retour en arrière, tandis que lui-même représenterait *le* progrès décisif de l'humanité. À l'inverse, un vrai humanisme prône une recherche inlassable du *mieux*. C'est toute la différence entre un simple respect de l'autre et l'amour d'autrui. La quête de la sagesse ne consiste pas à s'isoler du monde, mais à se savoir dépendant et responsable des autres et à agir en conséquence.

Toutes les guerres présentent un arrière-fond d'ignorance réciproque et souvent, d'opposition religieuse. Mais le pire, c'est que le conflit semble bien être une maladie chronique des chrétiens. Que de déchirures, que de schismes dus à l'absence de charité et de communion. Que d'oppositions et de ressentiment. Et cela au nom de l'Esprit, mais lequel ? Certainement pas celui du Christ car, s'il est audace, il n'est pas révolte ; s'il est amour, il n'est pas soupçon ; s'il est foi en l'autre, il n'est pas défiance ; s'il provoque des tensions, ce n'est pas pour pousser à s'entre-déchirer. Fondés sur le même Évangile, les vrais disciples doivent donner le spectacle d'une *agapè*[66] en avancée constante, car c'est ainsi seulement que peut se faire une évangélisation.

« Aimer son ennemi, tendre l'autre joue ». En somme, on nous demande d'être fous. Car un réflexe naturel, quand nous avons été agressé, est de nous défendre en montrant les dents, de rendre à l'agresseur la monnaie de sa pièce, de se montrer le

---

66 Amour du prochain, désintéressé, divin, universel.

plus fort... Ce n'est pas la façon de faire de Dieu, qui nous invite à inverser le processus. Bien sûr, il ne s'agit pas de rester passif ni de se laisser tout faire, mais de ne pas employer les mêmes armes que ceux qui ne nous aiment pas, d'opposer au contraire des gestes de bonté, des gestes d'avenir aux gestes de malveillance. Il s'agit de provoquer l'autre... à faire le bien.

Aimer ne se commande pas ; on peut en revanche rechercher la concorde et refuser la violence. Martin Luther King disait à ces Blancs opposés aux droits des Noirs : « À votre capacité d'infliger la souffrance, nous opposerons notre capacité d'endurer la souffrance ». Car il croyait en une humanité capable de progresser, ce qui lui a coûté la vie.

Chacun peut avoir la chance de rencontrer dans sa vie une relation de grande intimité, ou le malheur de la perdre. Mais il y a des hiérarchies dans l'amour et celui de Dieu les surpasse tous. En aimant Dieu par-dessus tout, on donne à tous ses autres amours leur fondement solide. Jésus nous invite à un amour universel et à la préférence pour les pauvres.

Il reste quelques nostalgiques d'une religion qui insistait sur les devoirs des chrétiens, sur les commandements de Dieu et de l'Église. Au moins, disent-ils, on savait ce qui était bon et ce qui était péché, il y avait davantage d'ordre et on respectait mieux la morale. Tandis qu'à force de ne parler que d'amour, on risque de tout diluer dans une foi avant tout sentimentale. Le langage de l'amour que tient Jésus, au contraire, est un langage difficile, impossible à suivre aux yeux du monde.

L'amour vrai serait-il un leurre ? C'était la conviction du psychiatre Henri Laborit quand il a écrit, dans *Éloge de la fuite* : « C'est un mot qui ment à longueur de journée et ce mensonge est accepté, la larme à l'œil, sans discussion, par tous les hommes. Il fournit une tunique honorable à l'assassin, à la mère de famille, au prêtre, aux militaires, aux bourreaux, aux inquisiteurs, aux hommes politiques ».[67]

L'amour est ce qu'il y a de plus vital pour tout être humain et c'est en même temps ce qu'il y a de plus exigeant, car on n'a jamais fini d'apprendre à aimer. Aimer, c'est se décentrer de soi-même. On ne peut répondre à l'amour que par l'amour, dit la première Lettre de Jean, un amour qui nous tourne vers Dieu et vers les autres.

Car l'Esprit Saint est Amour, il est l'Amour devenu une personne, cette voix intérieure qui se plaint et gémit de n'être pas entendue. Que faire sinon la laisser aimer en nous ? Car le seul bonheur, c'est d'aimer et d'être aimé.

Pour être crédible dans le monde actuel, écrit Teilhard dans *Le goût de vivre*, le christianisme doit passer d'une « religion des individus et du ciel » à une « religion de l'humanité et de la terre ». Le théologien catalan Panikkar ajoute qu'il faut « oser l'Autre », après s'être « cultivé » soi-même. C'est s'ouvrir à la Vie.

Magnanimité, pusillanimité

« Il faut soigneusement faire le partage dans notre existence entre ce qui relève d'une vocation parti-

---

[67] *Éloge de la fuite.*, 1976, éd. Robert Laffont.

culière confiée par Dieu, et notre mission, qui est liée à ce nous sommes, qui ne dépend que de nous. La vocation, c'est vraiment un domaine religieux, et la mission c'est un domaine absolument humain, même si, parfois, on voit dans l'histoire des vocations et des missions qui sont extrêmement proches : Jeanne d'Arc, Moïse, le roi David. Ils ont eu des missions concrètes, qui en fait s'identifiaient pratiquement à leur vocation. Beaucoup de gens ont le sens de leur vocation, parce qu'ils ont une certaine religiosité intérieure, mais n'ont pas le sens de la mission parce qu'ils ne se connaissent pas bien eux mêmes, qu'ils ne connaissent pas leur talent, et en fait n'ont pas la vertu humaine de la magnanimité, de la grandeur d'âme. Et donc ils sont là avec une belle vocation à être, mais n'ont pas le sens de la mission et ne font rien. Ils n'ont pas découvert leur talent propre, les dons particuliers qu'ils ont reçus ; et donc dans leur vie il n'y a pas d'action. »[68]

« On trouve des personnes, poursuit Havard, avec qui c'est l'inverse ; elles ont la magnanimité, le sens de la mission, de l'action, la connaissance de soi, mais il n'y a pas de « cadre vocationnel ». Il faut l'un et l'autre pour être une personne pleinement heureuse et efficace, une personne complète. La mission c'est l'action, c'est l'appel à agir, alors que la vocation c'est un appel à être. L'un et l'autre sont importants, il ne faut minimiser ni l'un ni l'autre. La mission fait appel surtout à la vertu naturelle de la magnanimité, qui est la vertu des grands, la tension du cœur, du corps, de l'esprit et de la volonté vers les grandes choses. Et la vocation fait appel, sur-

---

[68] Alexandre Dianine-Havard, *Le leadership vertueux.*, interview du 29 septembre 2022 : Le Grand Combat Arrive.

tout, aux vertus qu'on appelle surnaturelles, qui sont les vertus de Foi, d'Espérance et d'Amour. Et là nous portons une très grande responsabilité ; c'est de chacun de nous que vient ce travail qui nous pousse à découvrir notre mission dans l'existence. On doit, on peut arriver, être assez proche de découvrir sa mission, en fonction de son histoire. Grandir en faisant grandir les autres. Enflammer les cœurs pour la grandeur. Mais le monde sombre dans la pusillanimité totale. Une anthropologie plus volontariste pousserait à aller contre le mouvement naturel de la civilisation contemporaine, qui est pusillanime et va contre la liberté humaine, qui arrête de faire rêver les gens, qui les 'zombifie'. »[69]

Section 3. Amour du monde

Un monde à reconstruire

Un monde nouveau suivra l'effondrement[70] prévisible de tout ce qui fait notre présent. Quand Jésus dit « Il faut que cela arrive... », on doit comprendre que les catastrophes ne sont pas programmées par Dieu, mais sont la conséquence logique d'un monde qui se détruit en oubliant Dieu. Le Christ et son message, dans nos régions d'ancienne christianisation, ne font plus recette comme par le passé. On vit peu à peu dans une sorte de « décroyance ». Dieu a pourtant offert au monde une sortie de ses errements, au point de s'incarner pour prendre sur lui le mal qui le ronge. Dans la parabole des vigne-

---
69 *Ibidem*.
70 L'effondrement selon Yves Cochet est le processus à l'issue duquel les besoins de base ne sont plus fournis à la population.

rons homicides, le maître décide d'envoyer son propre Fils : « Ils respecteront mon fils ». Ce fut la tragédie: « Voici l'héritier, allons-y tuons-le ! » Jésus était tout désigné pour tenir ce rôle; mais de son sang versé a jailli une aventure nouvelle. Quand les hommes tuent Jésus, il continue d'être la base solide de tout l'édifice de l'humanité. La vigne bientôt portera son fruit, non par nous si nous baissons les bras, mais par et pour d'autres, qui boiront le bon vin du Royaume, car l'œuvre de Dieu ne peut que réussir.

Aimer le monde, c'est « s'engager activement dans et pour la vie » affirme Raimon Panikkar, « cultiver et prendre soin de tout ce qui nous entoure. Aimer le monde, c'est s'investir dans les efforts collectifs pour un plus grand respect de la Création ».[71]

De l'écologie à l'écosophie[72]

Ce terme nouveau exprime l'idée que, loin de trouver une sortie de crise, comme on le croit communément, le monde se fourvoie dans une logique de maintien des acquis. Or, la seule raison ne suffit pas car il faut un changement plus profond ; il s'agit, selon ce nouveau courant de pensée, d'une crise[73] anthropologique radicale appelant des répon-

---

71 Cf. É. Grésillon., B. Sajaloli, *L'Église verte ? La construction d'une écologie catholique : étapes et tensions.*, Vertigo Volume du 15 mai 2015.

72 Terme forgé par A. Naess dans *Ecologie, communauté et style de vie*, repris par Valverde Campos. C'est, explique-t-il, une réponse à la crise provoquée par le primat de l'exploitation et la destruction de la nature.

73 Le mot crise a d'abord le sens d'action ou de faculté de choisir. C'est le « moment critique » dans lequel il faut se déterminer. Une crise anthropologique est donc une mise

ses également radicales, une *métanoia*, c'est-à-dire une norme de conduite différente. Car on attend trop des voies technologiques, alors que le cœur de l'homme doit « apprendre à vivre dans le monde comme dans sa propre maison [...] réapprendre à écouter la terre ».[74]

Mais pour passer d'une « écophilosophie » académique à une « écosophie », on doit opérer un changement de niveau de pensée, remettre en chantier une conscience écologique mise à mal dans la crise présente et à venir. Les anciens, à toute époque, aménageaient avec sagesse leur territoire ; en cultivant leur portion de terre, ils « territorialisaient » leurs pratiques et leurs relations. Or la modernité a « déterritorialisé » la planète par la primauté du profit en pillant les ressources, en détruisant les sols et en substituant la haute finance à un échange équitable de biens et de services. Pour rétablir l'équilibre dans les relations sociales, politiques et économiques, il faudrait instaurer un nouvel ordre mondial.

Selon Valverde citant Panikkar, le cœur de l'écosophie réside dans les relations, les réseaux, tant dans la nature que dans la culture. Elle va ainsi, pense-t-il, à la racine du problème, s'appuyant sur une « vue globale qui s'inspire en partie de l'écologie scientifique, mais aussi des activités du mouvement d'écologie profonde ».[75]

---

en doute d'un choix opéré par routine.
74 Valverde Campos *op. cit.* p. 21.
75 *Ibidem* p. 78.

L'écosophie, une écologie intégrale

Le théologien orthodoxe Jean-Yves Leloup a donné une définition intéressante de l'écosophie. Selon lui, l'homme peut porter sur le réel un regard intuitif (le considérer objectivement, en observateur), ou un regard plus analytique (celui du philosophe, interrogatif), un autre regard, affectif (on ne voit bien qu'avec le cœur, dit le Petit Prince à Antoine de Saint-Exupéry) ou encore un regard contemplatif et intuitif. « La synthèse de ces quatre formes d'écologie, dit-il, nous l'appelons 'écosophie', ce qui présuppose une alliance possible de la science, de la philosophie, de la contemplation et de l'amour dans l'approche du monde qui nous entoure, que nous contenons et qui nous contient ». Il déclare ensuite, dans la foulée de Baruch Spinoza, que Dieu *est* la nature (*Deus sive natura*) ce que l'on peut interpréter de façon exclusive ou, ce qui est mieux, que Dieu (en hébreu *Elohim*, un pluriel exprimant les forces créatrices) est *aussi* la nature.[76]

Vers une éthique éco-théo-sophique

Panikkar suggère de passer d'une éthique théologique privilégiant les seuls rapports Homme-Dieu à une éthique qui embrasse également le cosmos. On aurait ainsi une anthropologie centrée sur les relations de l'Homme à tout ce qui l'entoure, y compris à Dieu son auteur.[77] Cela dit, les rapports de la science au cosmos sont pour l'heure « mono-

---

76 « Dieu dans son essence demeure inconnaissable (YHWH), il n'est connaissable et participable que dans ses énergies (*Elohim*). Les énergies sont celles de la nature ; 'en elles nous avons la vie, le mouvement et l'être' ». Leloup J-Y, 2018, *Vers une écologie intégrale. Écologies et écosophie*. Entremises Éditions.

culturels, monorationnels et autosuffisants ». Monoculturels car, imposés par l'Occident, ils occultent d'autres manières de voir la réalité ; monorationnels, puisqu'ils sont basés sur une construction intellectuelle, comme le sont l'expérimentation et la modélisation mathématique[78] ; ils sont enfin autosuffisants, un véritable édifice social à la parole sacrée dont se réclament toutes les institutions.

En outre, dit Valverde, une éthique nouvelle a remplacé l'ancienne, qui privilégie l'individu au détriment de la personne ; plus largement, l'actuelle société fonctionne sur la base du droit, faisant fi de la morale, alors qu'autrefois la philosophie et la théologie jouaient un rôle fondamental dans la recherche du bonheur par la pratique des vertus. « Le monde, conclut Valverde, est réduit à l'Occident, les autres cultures [...] n'existent plus [...] Il y en a qui croient [...] qu'avec les indépendances, la colonisation a touché à sa fin. Or, la colonisation ne s'est jamais arrêtée, elle adopte tous les jours des formes différentes ».[79]

Section 4. Amour de Dieu

---

77 « L'anthropologie chrétienne est une anthropologie de liberté : la personne est responsable de son agir ». François Euvé *Faire réussir la Création*. Revue *Études* 2015.
78 « Un doute fondamental s'est insinué dans la démarche scientifique; l'incertitude, l'incomplétude, l'imprédictibilité sont désormais le lot de la science. A fortiori, ces limites lui imposent une modestie dans le questionnement sur le vivant, dont l'origine lui échappe à jamais ». Charles Hüssy, *L'ancienne alliance. Une modernité dans l'impasse ? Op. cit.* p. 56.
79 Valverde Campos *op. cit.* p. 594.

La « vengeance » de Dieu

Vengeance de Dieu, écrit Isaïe ; on a tendance à penser à une vengeance contre ceux qui ont fait le mal et à dire que c'est, pour lui aussi, « un plat qui se mange froid ». Isaïe ne parle pas de vengeance contre les hommes, mais contre le mal. Il annonce la victoire de l'amour de Dieu contre la haine et la violence ; c'est un encouragement pour ceux et celles qui vivent dans la peur. La vengeance de Dieu, c'est de supprimer tout mal[80], de faire en sorte que les aveugles voient et que les sourds entendent. Mais l'homme, à la fois victime et complice du mal, se met trop souvent en travers de son projet.

L'amour du prochain, l'amour de Dieu et l'amour du monde forment une trinité indissociable, qui est à l'image de la Trinité ; ils s'exercent comme un lien indissoluble entre Dieu et l'humanité.

Retrouver Dieu

Le monde où nous vivons se veut de plus en plus indépendant à l'égard de Dieu ; « la forme de l'Église comme temple, qui a été ébranlée depuis le siècle des Lumières, s'est effondrée ».[81] Plus de cinquante pour cent des enfants ne suivent plus la

---

[80] 1'000 millions de pauvres, 3'000 millions de malnutris, 60 millions de morts par la faim par an. « Les pays dits démocrates sont la cause indirecte de cette situation (esclavage des enfants dans le monde) et si nous ne sommes pas à nous seuls le *dèmos*, nous sommes tous coresponsables des deux cent cinquante millions d'enfants dans le monde, selon l'UNICEF (1996), sans mentionner les treize millions d'enfants de moins de cinq ans qui meurent actuellement de malnutrition ». Raimon Panikkar, *El espiritu de la politica.*, p. 202.

catéchèse et un nombre important de ceux qui la suivent encore ne trouvent pas à la maison le soutien religieux qui leur permettrait d'intérioriser et d'assimiler la foi chrétienne. C'est en principe à l'éducation à tous les degrés, ne serait-ce que sous la forme d'une histoire des religions, qu'il appartiendrait de remplir ce vide créé par le glissement des familles et des media vers l'indifférence religieuse.[82] Faute de quoi notre passé chrétien, source de tant de richesses, s'avérera bientôt comparable à un livre magnifiquement illustré, dont nous tournerons les pages avec un étonnement admiratif, mais sans en comprendre ni le texte ni les images.

On entend dire : « Mon corps m'appartient », « Ma vie m'appartient »... alors que tout nous vient de Dieu ! Il nous a été fait don de tout ce que nous sommes et notre vie étincelle lorsqu'elle lui rend gloire, lui le chef des Vivants. « La gloire de Dieu,

---

81 Propos de Tomas Halik, théologien tchèque. « La veille du conclave, le cardinal Jorge Bergoglio avait cité les paroles de Jésus : 'Je me tiens à la porte et je frappe'. Mais il avait ajouté : 'Aujourd'hui, le Christ frappe de l'intérieur de l'Église et veut sortir. Et nous devons le suivre' ».

82 Un indice significatif de cet « amollissement » est le glissement dans le vocabulaire catéchétique de l'image qu'on se fait du Démon : « Jusqu'au début du XVIIIème siècle encore, les catholiques, récitant le Notre Père, suppliaient le Très-Haut de les délivrer du « Malin ». C'est ainsi, du moins, qu'ils s'exprimaient. De façon significative, la formule a disparu de la fameuse prière, elle s'est transformée, pour ainsi dire humanisée, comme si, parallèle à la sécularisation du divin, celle du Démon faisait aussi son chemin : le croyant moderne ne demande plus à son Dieu que de le délivrer du « Mal ». Luc Ferry, 1996, L'homme-Dieu ou le Sens de la vie., p. 90.

c'est l'homme vivant et la vie de l'homme, c'est la vision de Dieu ».[83] disait Saint Irénée et il est toujours là à nous pousser à être plus vivants. Dieu a en tête de sauver le monde, c'est-à-dire d'extirper de sa faiblesse une existence collective mal gérée.

Chaque monde, chaque planète, chaque forme de vie participe à ce désir implicite d'adhérer au divin. Or l'histoire n'est pas une succession infinie d'actes et d'événements ne conduisant nulle part, tout cela avance vers quelque chose : un but, un objectif, fût-il inconscient. Les destins individuels et le destin collectif de l'humanité s'acheminent vers un monde nouveau, imprévisible et impossible à anticiper.

L'essence de Dieu

Le cœur de la foi chrétienne est le mystère de la Trinité. Dieu est trinitaire, car il est constitué de relations. Tous les trois jouent un rôle spécifique : le Père est premier mais il donne tout, le Fils est son envoyé sous forme humaine et l'Esprit, qui est la relation entre Père et Fils et anime le monde par une présence invisible. Pour Thomas d'Aquin, le Saint-Esprit est le Don en personne, « le Don du Dieu Très-Haut » et l'Amour personnifié en Dieu Trinité.[84]

La Trinité divine est parfois évoquée par la forme triangulaire de la figure suivante : le *scutum fidei*, identifié vers 1248. Il signifie que les Trois Per-

---

83 Irénée de Lyon, *Contre les hérésies.*, IV, 20:7.
84 Le dominicain Gilles Emery a très finement présenté ce thème dans la Revue *Nova et Vetera* de 2021. « Le Saint-Esprit comme Don chez saint Thomas d'Aquin ».

sonnes sont de nature divine, alors que, prises deux à deux, elles ne le sont pas.

Figure 1. Le Bouclier de la Trinité.

L'essence même de la Trinité Divine ne se conçoit pas sans un débordement hors d'elle-même, qui s'est manifesté dans un monde livré à la merci des caprices de l'espèce la plus évoluée ; elle a pris le risque de la susciter pour en faire son Image. À bien y réfléchir, le *Big Bang* des astrophysiciens n'est qu'une métaphore de l'avancée inexorable du divin, de son expansion illimitée. Dieu s'est donné l'objectif de créer en tant que foyer un univers d'amour infini, c'est-à-dire de relation universelle avec Lui.

C'est par le Christ qu'a surgi la révélation du Dieu Trinitaire. Saint Bonaventure, l'interprète de saint François d'Assise, y voyait la raison même de la création. « Toute créature est (donc) connectée à la Trinité par cette émergence créatrice, toute créature est en relation créatrice directe avec la Trinité ».

En fin de compte, la seule image légitime de Dieu, c'est celle de l'homme. Parce qu'il l'a voulu libre et veut le rendre semblable à lui. Nul ne vient au monde tout seul ; sa vie, son développement intérieur, sa foi quelle qu'elle soit lui ont été donnés.

Notre attente vis-à-vis de Dieu

Le discours apocalyptique inspiré des prophéties, tel que le peuple juif le connaissait, ne se faisait pas défaut d'interroger Dieu sur sa responsabilité vis-à-vis du mal, alors que celui écrit de Jean de Patmos ne cesse d'inculper l'homme ; ce double débat entre les deux responsabilités est de tous les temps. De nos jours, les atrocités du siècle dernier posent un problème de foi à un grand nombre de gens.

Rien n'est plus personnel que l'attente des hommes par rapport au surnaturel. Pourquoi croire en Dieu et que peut-on en attendre ? À qui désire trouver une piste, celle chrétienne présente un contenu étonnant : l'apparition dans l'histoire de *Christos*, celui qui a été oint comme roi, qui accomplissait des miracles, attestée par le pharisien judéo-gréco-romain Flavius Josèphe comme par de nombreux auteurs en bonne partie non chrétiens. Des empereurs romains ont persécuté cette « secte coupable » vis-à-vis des religions païennes.

Aux origines du christianisme, la question se pose: pourquoi Dieu s'est-il fait homme ? Dans quel but ? Pour assumer notre condition ? Face au mystère et dans la foi qui soulève un coin du voile, on peut retenir qu'il est venu restaurer par son sacrifice la dignité humaine. Non pas tant parce que celle-ci aurait été compromise par la seule faute d'Adam et Ève, mais parce qu'elle demeure imparfaite et qu'elle attendait un sauveur qui lui apporterait, au prix de son sang, un message décisif d'amour et d'espérance. L'homme a reçu cette révélation dans sa vie présente, provisoire et limitée, qui est un apprentissage du choix de l'amour. Il lui manque encore le bénéfice du sang versé pour la multitude. Si une mort inéluctable entraîne sur les pas de Jésus, elle porte en elle la promesse d'une résurrection et d'une vie éternelle, dès ici-bas.[85]

Ranimer la foi

Fondamentalement, la foi suivant le message du Christ doit être basée sur l'humilité, une vertu qui n'a pas « la cote » dans la mentalité moderne ; elle appelle dans son être même à un amour universel et à la préférence pour les pauvres. Autant dire un vœu de moine, qui s'inscrit en contradiction totale avec la poursuite d'une vie de bien-être et résume l'essentiel des aspirations ambiantes. Elle pourrait pourtant trouver sa raison d'être dans une présence au monde et l'annonce d'une future, éternelle vie terrestre, car elle se distingue depuis ses origines par une conception linéaire du temps, condition *sine qua non* de tout processus menant à un accomplissement. De par sa nature elle prédit, soutient et valorise les temps à venir.

---

85 « L'immortalité de l'âme est une conviction née d'une réflexion, la résurrection des morts une espérance. La première est une confiance en quelque chose d'immortel en l'homme, la seconde une confiance en Dieu qui appelle à l'être ce qui n'est pas et qui donne la vie aux morts. [...] De même que la mort n'est pas simplement la fin mais un événement de la vie tout entière, il ne faut pas non plus réduire la résurrection à une 'vie après la mort'. Elle est, aussi, un événement de la vie tout entière ». Jürgen Moltmann, *La venue de Dieu.*, Cogitatio Fidei éd. du Cerf, p. 4 de couverture.

Mais comment transmettre cette conviction ? Comment faire admettre aux multitudes installées dans une perte totale d'aspiration spirituelle ou dans un immobilisme religieux, qu'en dépit des calamités qui se préparent il y aura, au-delà des souffrances, un monde meilleur enfin réconcilié ? De nos jours, l'athéisme n'est pas simplement une ignorance délibérée de Dieu ; il est un « antithéisme » qui nie l'existence même de Dieu.

Avec le Christ, un « moment d'éternité » est entré dans la finitude du monde et de la vie des hommes, ce qui a paradoxalement éveillé en eux l'envie de produire l'infini par eux-mêmes. Voyant que le Verbe de Dieu s'est fait chair, l'homme en a assez de sa mortalité et entend parvenir par lui-même, d'une façon ou d'une autre, à l'éternité.

En l'état actuel de la pensée dominante, un réveil de la foi ancienne est improbable.[86] Toutes les enquêtes sociologiques sérieuses dévoilent l'ampleur du mouvement de sécularisation qui gagne le monde européen. Au point qu'il faudrait parler, notamment à propos des jeunes, d'une véritable « déchristianisation ». Un humanisme nouveau devra surgir pour enseigner une foi crédible, tournée vers

---

86 Selon Luc Ferry : « Depuis Nietzsche, voire avec les 'Lumières' déjà et leur critique de la superstition, nombre d'analyses ont considéré la naissance de l'univers démocratique comme l'effet d'une rupture avec la religion : 'Mort de Dieu', 'désenchantement du monde' [...] 'laïcisation', plus ou moins contrôlées et controversées, ces expressions symbolisent aujourd'hui les multiples interprétations d'une même réalité : l'avènement d'un univers laïque au sein duquel la croyance en l'existence d'un Dieu ne structure plus notre espace politique ». Luc Ferry, p. 37.

le futur et balayant les idées cartésiennes qui ont inspiré une modernité égarée. Cet humanisme rappellera l'irruption dans l'histoire d'un Dieu inconnaissable, mais qui reste présent au monde et engagé dans une création permanente.[87] Un Dieu qui soumet la Création à une évolution spontanée et lui permet de rechercher du sens à son projet.

Un jour, la difficile croissance de l'humanité vers la sagesse atteindra un terme. Alors, Dieu pourra l'accueillir, finissant par détruire le mal. Jusqu'à ce terme elle est libre de s'écarter du projet divin. Maurice Zundel va jusqu'à affirmer que Dieu lui-même souffre du mal qui est en l'homme, tout en respectant sa liberté. Car l'amour divin est si fort, dit-il, qu'il est dépossession.[88] Il souffre de cet esprit de lucre et de domination, de vanité et du paraître. On se donne beaucoup de peine pour accumuler des richesses, on fait preuve d'ingéniosité pour soi-même, on s'impose des fatigues qui ruinent la santé, l'union du foyer, l'éducation des enfants. On recherche un confort matériel, mais si une vie n'est pas remplie d'amour, il manque l'essentiel. L'expérience aidant, on apprend que la pratique d'une vie juste, c'est-à-dire en conformité avec le projet de Dieu, est quasi impossible aux hommes, s'ils comptent sur leurs propres forces. La leçon est toujours la même, Jésus répond à ses disciples :

---

[87] « L'acte créateur n'est pas un geste passé mais permanent de Dieu, qui non seulement conserve la réalité créée dans l'être, mais lui donne aussi d'être principe de son agir, d'être libre et autonome ». Jean-Louis Souletie, 2010, *L'anthropocentrique moderne au défi de la crise écologique.*, éd. Desclée de Brouwer, p. 117.

[88] Maurice Zundel, 1991, *L'Évangile intérieur.*, éd. Saint-Augustin.

« Aux hommes c'est impossible, mais à Dieu, tout est possible ». En d'autres termes, c'est Dieu qui nous inspire de contempler la croix et, de cette contemplation, peut naître notre conversion, notre réconciliation.

Du côté biblique, l'apparition du Christ, après une attente passive de la réalisation des prophéties qui caractérise l'Ancien Testament, a suscité ce que Paul appelle le zèle missionnaire et plus encore, l'« accouchement dans la douleur » d'un monde à venir où « Dieu sera tout en tous ». Dans une vision large et sur la longue durée, on verra dans la seconde partie comment les Évangélistes, sous des angles différents, ont présenté le Christ comme le Maître de l'histoire qui, ainsi qu'il l'a dit, à la fin du monde, « attirera tout à lui ».

Le thème de l'attente est d'essence historique et s'inscrit dans la longue durée ; il implique d'abord le long déroulement des relations entre l'homme et le monde qui lui est offert, ainsi que son rapport à Dieu sous l'Ancienne et la Nouvelle Alliance. Par le Christ, l'histoire a été bouleversée ; ce Dieu transcendant a pris forme humaine pour annoncer, en contrepoint au triomphe attendu par le peuple juif, un Royaume destiné aux humbles, une « fin du monde » synonyme d'ouverture à l'éternité.

L'écologie chrétienne existe en germe depuis les débuts du christianisme, elle plonge ses racines dans le Nouveau Testament, la Nouvelle Alliance. Il convient donc de revisiter l'histoire, de découvrir qu'inscrite dans l'alliance entre l'homme et son sol, une autre alliance est initiée par Dieu, qui fait toute la pertinence de l'écologie chrétienne. Or, les deux nouvelles alliances, avec l'irruption du Christ, connaissent un changement de nature. D'un côté l'homme rencontre la finitude de ce qui assure sa subsistance et se met en capacité d'en repousser les limites ; la révolution industrielle n'est que la partie émergée d'un changement plus profond. L'essor de la raison libère le culte du vrai, du beau, du juste, de l'utile, dans l'exaltation de la richesse et de ce qu'on nommera la modernité, jusqu'au renversement des rapports de puissance homme-nature. Du côté de la nouvelle alliance biblique (Figure 2), l'essor du christianisme connaît des divisions qui durcissent la gouvernance catholique, mais qui dans le futur, de l'institution rigide héritée du passé, cédera peu à peu la place à une Église-événement.

Deuxième partie

Les ultimes enjeux de l'histoire

Si, comme l'a dit Teilhard à plusieurs reprises, « l'humanité révèle le monde », c'est que ce qui se passe en son sein, ce vers quoi elle tend, ce à quoi elle aspire, reflète la destinée même du cosmos que Teilhard ne peut pas envisager dépourvu de finalité propre. Son postulat fondamental est que l'aspiration la plus authentique de l'être, ce vers quoi le porte un « instinct irrésistible », est le rassemblement, la communion, l'être-ensemble, en dépit de toutes les forces de division. La vie ne peut que vouloir la vie, c'est-à-dire l'union. François Euvé.

Chapitre 1

Les Quatre Alliances

Épisode unique dans l'histoire, la transcendance aurait, durant une brève séquence, fait irruption de manière exceptionnelle et inédite dans la chronologie et les lois habituelles du monde. Celui-ci aurait été, le temps d'une brève vie humaine, pénétré de présence divine, annonce elle-même d'un « royaume » où l'humanité connaîtra enfin la paix dans l'amour. Jean Delumeau.

Section 1. La trame de l'histoire

L'histoire vue dans une perspective chrétienne est linéaire, contrairement à d'autres religions aux visions cycliques et de ce fait, ahistoriques voire statiques comme l'Islam. Dans mes deux précédents ouvrages, j'ai développé cette spécificité dans la trame de l'histoire, à savoir la période judéo-chrétienne, soit quatre millénaires entre les patriarches et aujourd'hui, deux avant, deux après l'incarnation du Christ. La Figure 2 donne un aperçu du long terme où culminent l'incarnation et la passion du Christ. La tradition chrétienne a retenu sa mort comme étant *le* moment décisif de l'histoire ; elle a même imposé au reste du monde ce repère. « Le temps *post Christum natum*, écrit Olivier Meuwly, est à comprendre comme 'accompli mais pas encore achevé'. Depuis la venue du Christ, nous nous trouvons dans une période temporelle nouvelle. Dans la compréhension chrétienne, tout au long de l'alliance entre Dieu et l'humanité, le Christ est le 'centre du temps'. C'est pourquoi, à juste titre, nous décomptons le temps 'avant le Christ' et 'après le Christ.' La plénitude du temps, appelée aussi 'tournant du temps' n'est plus dans l'avenir, comme pour les apocalypticiens juifs qui attendent encore un Messie, mais dans l'événement Jésus-Christ, c'est-à-dire depuis son incarnation ».[89]

---

[89] « Seul le Dieu chrétien permet aux humains de s'émanciper de lui, nourrissant par là même la critique envers toute autorité, y compris la sienne, principe cardinal de la démocratie ». Olivier Meuwly, Journal *Le Temps* octobre 2022.

ancienne alliance historique			A ⳩ ω	(Renaissance) Nouv. all. historique	
	-2'000		ΙΧΘΥΣ	(Rév. indust. Modernité)	(Lois 1905 ....)
-200'000	-9000	Chaldée	Sinaï Jérusalem	313	Laïcité
Préhistoire	Sédentarité	Abraham Moïse David		Constantin	
		Anc. alliance biblique		Église - institution	Égl. - événement
				Nouvelle alliance biblique	

Figure 2. Le Christ (*Ichthus*, ΙΧΘΥΣ) moment clé de l'Histoire.

Ichthus, qui signifie poisson, est l'anagramme de *Iésos Christos Théou Huios Sôter* : Jésus-Christ, Fils de Dieu Sauveur. Son dessin était le signe de ralliement des premiers chrétiens, retrouvé notamment dans les catacombes de Rome. Dans le Livre de l'*Apocalypse*, l'Agneau se désigne lui-même comme étant l'Alpha et l'Oméga. De gauche à droite, on voit l'homme à ses débuts, à un stade de développement encore peu inscrit dans le paysage. Bientôt la sédentarisation permet aux sociétés de s'intégrer dans la nature et on assiste à un décollage de la courbe de population. Puis apparaissent de grandes civilisations comme l'Égypte pharaonique ou l'empire d'Alexandre. Vers la fin de l'« ancienne alliance historique »[90], on entre dans une période biblique : les patriarches, les prophètes et les rois, les lieux saints anticipent la venue du Messie promis. Dans la seconde partie du Tableau, s'ouvre l'ère du christianisme appuyé sur la Résurrection du Christ et l'on voit s'instaurer une union entre l'Église et l'État, sous Constantin puis Charlemagne, qu'on appellera l'Église-institution et qui comme telle, va entrer en déclin ou, tout au moins, perdre de sa vitalité suite à sa séparation de la société laïque.

---

90 Je la qualifie d'ancienne alliance historique pour désigner les rapports anciens entre l'homme et son milieu. Après l'avènement du Christ et du christianisme, l'intervention divine est prise en compte, d'abord dans l'Occident, ensuite dans le monde entier.

En parallèle avec la Nouvelle Alliance biblique apparaît une nouvelle alliance historique ; un tournant a lieu à partir de la Renaissance, avec les progrès des arts et une première prise de conscience des problèmes écologiques : révolution industrielle, émissions polluantes, modernité dénuée de tout respect envers la nature. Débutera alors une crise sans précédent avec son cortège de fléaux de toutes sortes, qui nécessiteront des changements de comportement, sous peine de voir s'éteindre la race humaine.

Au-delà des crises et des conflits, cette « longue épreuve », selon l'expression de l'auteur de l'*Apocalypse*, l'humanité ira vers d'autres modes de vie et se stabilisera aux environs de dix milliards. Elle pourra y faire face, en privilégiant désormais une agriculture durable en lieu et place des « ruines écologiques » qu'ont propagées l'usage de pesticides et l'agriculture intensive. Sous un climat redevenu agréable grâce à l'abandon des énergies fossiles, dans un nouvel équilibre Nord-Sud et la maîtrise des relations économiques, l'alliance entre l'homme et le monde avancera vers la perfection, par une réelle prise en compte des enjeux écologiques, politiques et sociaux. L'homme reprendra son rôle de gestionnaire avisé, d'intendant non pas passif, mais capable d'inventivité, comme dans la parabole des talents.[91]

---

[91] *Matthieu* 25:14-30.

Section 2. L'ancienne alliance historique

On sait que l'Antiquité au sommet de sa logique utilisait l'esclavage pour faire vivre une élite patricienne propriétaire des domaines. Cette relation dissymétrique a pris des formes diverses au cours de l'histoire ; elle prévaut encore aujourd'hui : la main d'œuvre fait prospérer l'économie « réelle » et par elle, génère une classe de dirigeants uniquement préoccupée d'en tirer le meilleur profit ; on y reviendra à propos de la nouvelle alliance historique. Les rapports au sol, avec une population encore très réduite, couvrent largement les besoins et voient prospérer de grandes civilisations, l'Égypte et son fertile bassin du Nil, les empires chinois, perse, alexandrin, romain, tous plus ou moins théocratiques avec leurs divinités et leurs cultures propres.

Section 3. L'Ancienne Alliance biblique

À côté des rapports qu'entretient l'humanité avec son milieu, que j'ai désignés sous le terme d'alliance historique, le Créateur intervient à un moment de l'histoire en offrant à l'homme une relation directe sous la forme d'une élection, celle d'un personnage auquel il propose d'être le père d'une multitude et auquel il octroie une terre lointaine à conquérir. Suite à la promesse faite à Noé au lendemain du déluge, l'Alliance proposée au futur peuple d'Israël débute près de la ville d'Ur en Chaldée vers l'an 1'800 avant notre ère, avec le départ pour l'inconnu d'Abraham,[92] de Saraï son épouse, Loth leur neveu,

---

92 Dans la *Genèse*, son nom est initialement Abram (« le Père est exalté ») puis devient Abraham, qui signifie « père

ses bergers et ses troupeaux, répondant à l'appel du Dieu Unique. Cette Alliance gravée dans la pierre, annoncée par les prophètes, devait être scellée dans le sacrifice du Christ, Fils de Dieu devenu homme parmi les hommes et issu par ses parents d'une lignée royale.

Ainsi la relation historique de l'homme avec son milieu sera sous-tendue par une Alliance avec le divin vieille de quatre millénaires. Dans la conception judéo-chrétienne, il existe un Dieu à l'origine du monde, dont l'attribut unique est l'Amour, un Amour qu'Il a voulu répandre hors de sa sphère d'intimité, pour ensuite proposer à l'être le plus autonome de sa Création un chemin vers la perfection.[93] Pour ce faire, il lui a fallu intervenir dans l'histoire en prenant le statut d'homme, jouant le double rôle de miroir de la divinité et de témoin du projet initial. Contre cette démarche d'incarnation, la cruauté des sphères de pouvoir, instiguée par le Grand Diviseur (*Dia-bolos*) s'est acharnée et l'a mis à mort, mais il a semé une graine par son sang versé, redonnant à l'homme une nouvelle chance de s'épanouir. Ainsi s'est créée une Nouvelle Alliance entre Dieu et les hommes.

Section 4. La nouvelle alliance historique

La fin du Moyen Age voit se modifier la relation au sol, devenu rare par rapport aux besoins ; comme conséquence, le système du fermage ou celui du

---

d'une multitude de nations ».

93 « Créer en créant des créateurs, susciter des êtres capables à leur tour d'être des sujets, donc de donner ». François Euvé, 1994, *Dieu pour penser.*, p. 41.

métayage montrent leurs limites et deviennent obsolètes. Dès le XVIIIème siècle, l'Angleterre innove et inaugure une « révolution verte » ; on découvre l'utilité des restitutions d'engrais ou de fumures et une alternance des cultures. Mais cela implique une appropriation privée du sol, par les « enclosures » qui libèrent un important prolétariat agricole, utilisé dans l'agrandissement des manufactures.

La Renaissance marque un tournant par un éveil à la beauté des paysages, source d'un art accompli, ainsi que par l'essor de la raison. Mais pendant la révolution industrielle, trois siècles plus tard, les classes laborieuses commencent à prendre conscience de la pollution de l'air et l'inquiétude gagne les esprits. En deux siècles les dangers se précisent, les pays riches continuant à fonctionner sur les énergies fossiles. C'est seulement dans les années septante du siècle dernier que l'inquiétude se fait jour, et que le grand public réclame des mesures pour ralentir le changement climatique en assainissant les émetteurs de gaz polluants. La mode est à la « durabilité », en sachant qu'un réchauffement de la planète, fût-il une séquence parmi d'autres du rayonnement solaire, mais accentué et précipité par les activités humaine, est inéluctable. La jeunesse se mobilise et des groupes de militants se forment. Unissant toutes les énergies y compris, peu à peu, celles des confessions chrétiennes, l'écologie politique est née.[94]

---

[94] La partie consacrée à l'écologie politique est partiellement reprise de Charles Hüssy, 2021, *Un Christ vert. Un Dieu amoureux de sa création.*, *op. cit.* Chapitre 2. La guerre de l'écologie.

Entre-temps, la science et la technologie opèrent de nombreuses avancées. La médecine également, qui prolonge la durée de vie moyenne et améliore les traitements de nombreuses maladies. Elle invente des vaccins contre les pandémies. On peut dire que dans les pays du Nord, on se libère peu à peu des problèmes du passé ; dans le Tiers-Monde en revanche, une démographie galopante jointe à l'assèchement des terres les plus fragiles menace de déplacer des populations entières vers les pays développés, accroissant le risque de pénurie alimentaire, au point que les ressources annuelles ne permettent plus de couvrir les besoins mondiaux au-delà du milieu de l'année.[95] Une ruée des populations des pays du Sud menace et inquiète dirigeants et dirigés du Nord, qui ont à gérer ces fluctuations, développer des structures d'accueil tout en protégeant leurs emplois.

Depuis la nuit des temps, notre espèce n'a cessé de poursuivre une croissance matérielle, dans l'obsession du « plus » au détriment du « mieux ». Croissance à tout prix, organisée de bas en haut par le pillage des ressources, les atteintes à l'eau, à l'air et au sol, convertie en une économie financière autonome contrôlée par les « nouveaux maîtres du monde »[96], une centaine de seigneurs du capital financier mondialisé aux yeux desquels le profit, la

---

[95] Si tous les habitants de la Terre avaient le niveau de vie des Suisses, la planète pourrait à peine subvenir aux besoins de 600 millions de personnes. Si au contraire, ils acceptaient de vivre comme des paysans bengalis, 18 à 20 milliards de personnes pourraient subsister.

[96] C'est la CNUCED (Programme onusien sur le commerce et le développement) qui a inauguré l'emploi de cette appellation.

croissance unilatérale de leurs sociétés transnationales et l'enrichissement de leurs actionnaires sont l'unique Credo.[97]

Le cercle de ces ploutocrates « néolibéraux » tient lieu désormais de quartier général où se décide l'allocation des ressources. « Le choix d'investir dans un secteur ou une activité se fonde sur des critères de rentabilité et de solvabilité, à l'exception de la couche de 'ripolinages verts' destinée à alimenter la rubrique 'Nos valeurs' du site Internet des grandes compagnies ».[98] Leur domination, écrit l'économiste René Passet dans son livre *L'illusion néo-libérale*, « n'est possible que parce que l'on peut acheter sans payer et vendre sans détenir. » Leur instrument principal est la spéculation boursière qui se base sur la confiance dans les marchés, considérés comme libres de toute limitation légale. Car c'est l'échange de titres qui crée la richesse. Les seigneurs de la finance s'affairent à lever les derniers obstacles à leur hégémonie, ce qu'Edgar

---

[97] « Le climat d'affairisme, de spéculations financières et de libéralisme économique transforme le monde en valeur marchande. La puissance matérielle est exaltée par le développement des technologies de pointe qui apportent le confort, les facilités de communications et des profits exorbitants aux multinationales. Une autre composante historique importante de la mondialisation est l'apparition des nations marginales dans l'hémisphère Sud et de la précarité dans les couches de populations frappées par l'exclusion sociale dans l'hémisphère Nord. » Jean-Marie Hyacinthe Quenum, 2023, *Le mystère de la réunion spirituelle de l'humanité, La signification de ce thème dans « Catholicisme » de Henri de Lubac et ses enjeux théologiques au seuil du XXIème siècle.*, Academia p. 290.

[98] C. Durand, R. Keucheyan, Le Monde diplomatique, mai 2020. *L'heure de la planification écologique.*, p.16.

Morin considère comme une « nouvelle barbarie » après celles issues des guerres entre puissances hégémoniques. « Plus on mondialise, plus il faut localiser, sauver nos territoires ».

Alexandre Havard propose une analyse plus globale ; dans une conférence intitulée « Le Grand Combat arrive », il distingue les manipulateurs des politiques, qu'il considère comme des « marionnettes », eux-mêmes contrôlés par des « sauveurs, les plus dangereux, à l'air gentil, très attrayants, qui attendent leur temps. Ce sera bientôt le grand combat, parce que leur combat contre les manipulateurs est très visible. Beaucoup de gens regardent aujourd'hui tous ces manipulateurs, mais ils ne regardent pas ce qui peut venir après, parce que c'est le mensonge.

Nous sommes tous prisonniers de cette viscérale propension à privilégier l'« avoir » au détriment de l'« être », endoctrinés à la possession. Tous les progrès en matière scientifique, morale, culturelle sont retardés, faute d'avoir adopté comme priorité un progrès qualitatif. Les piliers de l'habitabilité de cette planète, explique Aurélien Barrau lors de la dernière Rencontre internationale de Genève, cèdent les uns après les autres.

Mais l'histoire ne retient pas la leçon de ses erreurs. Elle poursuit son cours jalonné de guerres, de dévastations et s'avance vers une sorte de « règlement de comptes » avec son milieu. Acculée à une situation sans issue ni fuite possible, notre espèce va devoir solder ses dettes envers la nature pour envisager de reprendre, en mieux si possible, son mode de vie d'antan.

Section 5. La Nouvelle Alliance biblique

Les allusions à une Éternelle Alliance fourmillent dans l'ouvrage de Michel Hubaut intitulé *L'Alliance est accomplie*.[99] Le règne de Dieu verra le parachèvement de cette Alliance lorsque l'humanité aura atteint un seuil de perfection en accord avec la perspective d'une vie éternelle : une gouvernance mondiale assurant la paix, une maîtrise parfaite de la place de l'homme dans l'univers, une science[100] dévolue au bien et au respect de sa condition d'être créé pour contempler Dieu dans sa magnificence et partager l'amour comme valeur suprême. Hommes et femmes à la recherche du divin s'uniront pour être le ferment d'un monde nouveau.[101] Le Christ, prédit l'*Apocalypse*, sera leur berger, ils seront ses brebis, ce qui ne veut pas dire ses moutons. Jésus va jusqu'à les comparer à des enfants.[102] Son mot d'ordre est la gratuité : pas de privilèges, pas de *self made man*, « les derniers seront premiers et les premiers seront derniers ».

Dans le déroulement de l'histoire, le moment clé est la naissance du Christ ; son avènement place en

---

99 M. Hubaut, 2016, *L'alliance est accomplie, Commentaire de l'évangile selon saint Matthieu.*, éd. Salvator.

100 Un peu de science éloigne de Dieu, beaucoup de science ramène à lui. Louis Pasteur.

101 « Oui, cette poignée d'hommes, sans pouvoir ni grande influence dans l'Empire romain, c'est bien l'émergence d'un peuple qui, comme un ferment, va soulever le monde et féconder l'avenir de l'humanité ». Hubaut *op. cit.* p.193.

102 « Il veut leur faire comprendre que pour être 'disciple' dans sa nouvelle communauté du Royaume chacun doit 'se convertir', changer complètement de mentalité, devenir comme un petit enfant ». *Ibidem* p. 258.

son centre la réunion spirituelle de l'humanité. Une fois devenu adulte, Jésus recrute des disciples et les envoie convertir les païens. Il sait qu'il les envoie « comme des agneaux au milieu des loups ». Leurs successeurs, persécutés jusqu'en 313 (Édit de Milan), se répandent en Europe ; à partir de l'an 800, avec Charlemagne, un équilibre s'établit entre le pape et le pouvoir temporel.

Ainsi se déploie l'Église-institution. Mais peu à peu, les États constitués s'en détachent et finissent par s'en séparer. Privée de son rôle moral, elle périclite face à une laïcité triomphante. Peu à peu ses fidèles s'en désintéressent, le maintien du célibat et la mise à distance des femmes ajoute au sentiment d'autoritarisme et met à nu des scandales.

Le Christ a bâti son Église sur des disciples et leur a promis de demeurer avec eux; ces derniers ont propagé la foi et rassemblé (« *ekklesia* ») les convertis. Leurs successeurs évêques et pasteurs, avec les responsables d'autres confessions chrétiennes, ont maintenant à prendre soin de 2,6 milliards de chrétiens dispersés de par le monde, à soutenir et défendre les droits de 250 millions de persécutés pour leur foi, à encourager les laïcs dans la tâche de former des communautés vivantes. Car la promesse d'assistance divine s'applique à toutes celles et ceux qui paient de leur personne selon leurs charismes, et pas uniquement à un appareil romain qui se veut garant d'une catholicité restrictive.

Le catholicisme en tant que religion a perdu de son attrait ;[103] il aura servi de guide à l'avancée du

---

[103] « Lorsque le message chrétien perd sa substance divine, elle donne lieu à des déviations mortifères capables de

progrès humain, tel une fusée ou un lanceur, qui laissera à chaque tradition le soin d'évoluer selon son génie propre, pour atteindre un état de perfection dans sa conception du sacré. Ce n'est qu'au terme de cette progression que la révélation du Christ, qui a inspiré deux millénaires d'attente, va s'imposer. Sa Royauté s'ouvrira à toute l'humanité et chacun retrouvera ce qu'il a fait de meilleur de lui-même. La science aura atteint un haut niveau de découverte du cosmos ; faute de pouvoir voyager dans l'espace, les savants s'emploieront à établir le contact entre les éventuelles planètes habitées. La conscience collective aura produit une énergie spirituelle suffisante pour appliquer la dernière consigne de Jésus-Christ.[104]

Ces progrès conféreront à l'homme, avec l'aide de Dieu, l'immortalité, la pleine connaissance de sa place et de son rôle dans l'univers. Les technologies permettront aux espèces vivantes de retrouver les équilibres avec leur milieu. Les motifs de guerre s'estomperont face à la dangerosité des engins de mort. Une gestion avisée de la nature permettra à tous de satisfaire leurs besoins. Le terme de parousie sera synonyme de libération, par la proche venue du Christ et de diffusion du message reçu.

---

générer des contextes antichrétiens comme le développement du scientisme matérialiste ». Fabien Revol.

[104] « Jésus, s'étant approché, leur parla ainsi : Tout pouvoir m'a été donné dans le ciel et sur la terre. Allez, faites de toutes les nations des disciples, les baptisant au nom du Père, du Fils et du Saint-Esprit et enseignez-leur à observer tout ce que je vous ai prescrit. Et voici, je suis avec vous tous les jours, jusqu'à la fin du monde ». *Matthieu* 28:18-20.

Chapitre 2

L'histoire en théologie

Section 1. L'« advenue » de Dieu

Théologien de l'espérance, Jürgen Moltmann a achevé sa systématique par un volume sur l'Apocalypse, intitulé *La venue de Dieu*, dans lequel il explique que « l'eschatologie chrétienne n'est pas seulement 'la fin', mais la nouvelle création de toute chose ».[105] « Pensé dans la mémoire de l'espérance du Christ, ce qu'on appelle la 'fin de l'histoire' n'est que la fin de l'histoire temporelle et le commencement de l'histoire éternelle de la vie. Le Christ ne peut être appelé la 'fin de l'histoire' que dans la mesure où il est celui qui inaugure la vie éternellement vivante et son initiateur. Partout où la vie est perçue et vécue dans la communion avec le Christ, on en fait l'expérience : dans chaque fin est caché un commencement nouveau [...] L'eschatologie chrétienne suit ce modèle christologique : *dans la fin, le commencement* ».[106]

---

[105] Jürgen Moltmann, 2000, *La venue de Dieu.*, p. 90.
[106] *Ibidem* p.10.

Une « advenue » : un terme communément utilisé pour désigner quelque chose qui s'est produit sans que celui qui l'évoque l'ait voulu, ou qui est arrivé par surprise. Chez Moltmann, il désigne le passage d'un Dieu invisible, présent au monde par son seul Esprit, à un Dieu visible dans sa gloire par une Création qui passe elle-même de l'histoire à l'éternité. « L'être de Dieu est dans son advenir et non pas dans son devenir. S'il était dans le devenir, il serait aussi dans le passé. [...] Dieu place dès maintenant le présent et le passé dans la lumière de sa venue eschatologique, laquelle consiste dans l'établissement de son royaume éternel et de son inhabitation dans sa création renouvelée à cette fin ».[107]

L'« Avent » signifie advenue.[108] Mais qu'est-ce qui est en train d'advenir ? Qu(i)'attendons-nous ? Pour un chrétien, c'est le Christ, déjà venu il y a deux millénaires et qui reviendra à la fin des temps.

Entre les deux venues du Seigneur, celle qui est passée et celle qui viendra, il en est une troisième :

---

[107] Du latin *habitare*, l'inhabitation désigne le fait d'habiter en un autre. En théologie chrétienne, il s'agit d'un concept selon lequel Dieu habite en l'âme humaine selon plusieurs modalités : présence, parole, alliance, souffle, entre autres. *Cf.* Charles Hüssy, 2021, *Une nouvelle Alliance. Nourrir une espérance pour l'après-effondrement.*, 1.6 L'inhabitation selon Jürgen Moltmann.

[108] « Le mot 'avenir' ne traduit pas mot latin *futurum*, mais le mot *adventus*. Or *adventus* rend le mot grec *parousia*. Tandis que dans la langue grecque profane *parousia* dit la venue de personnes ou l'advenue d'événements, et que le sens littéral de ce terme est 'présence', le langage des prophètes et des apôtres a donné à ce mot la tonalité messianique de l'espérance. L'attente de la parousie est l'attente d'une advenue. ». Moltmann *op. cit.* p. 46.

celle du moment présent. Dans nos occupations ordinaires, il faut apprendre à plonger au centre de notre être, là où demeure la Trinité, là où nous pouvons vivre la rencontre avec Dieu. Nous partageons les mêmes activités chaque jour, mais nos cœurs n'en sont pas tous habités. Dieu ne prendra que ceux qui auront vécu dans ce désir. Deux hommes aux champs : l'un est pris, l'autre laissé. Deux femmes au moulin : l'une est prise, l'autre laissée. Propos pédagogique, admonitoire, car nul ne sera perdu. Il ne nous est pas dit que ces gens ont vécu assez mal pour être définitivement condamnés. Simplement, comme il n'y avait pas de place pour Dieu dans leur vie, ils ont été surpris et vont devoir désormais s'appliquer à lui faire toute la place en leur cœur. Sans quoi leur venue au monde n'aurait aucun sens.

Les sept paraboles du Royaume

L'idée première qui se dissimule derrière le mot « parabole », c'est l'expression « faire un détour ». Certaines paraboles trouvées dans *Matthieu* tournent autour du thème des travaux des champs,[109] d'autres évoquent la quête de trésors cachés[110] ou

---

109 « Un semeur sortit pour semer. Comme il semait, une partie de la semence tomba le long du chemin : les oiseaux vinrent, et la mangèrent. Une autre partie tomba dans les endroits pierreux, où elle n'avait pas beaucoup de terre. Elle leva aussitôt, parce qu'elle ne trouva pas un sol profond ; quand le soleil parut, elle fut brûlée et sécha, faute de racines. Une autre partie tomba parmi les épines : les épines montèrent, et l'étouffèrent. Une autre partie tomba dans la bonne terre : elle donna du fruit, un grain cent, un autre soixante, un autre trente ». 13:4-9.

110 « Le royaume des Cieux est comparable à un trésor caché dans un champ ; l'homme qui l'a découvert le cache de

de perles rares[111] Noter que la méthode est propre à faire réfléchir. Si Jésus parle au présent, il sous-entend un Royaume qui, étant aux cieux, est celui auquel il désire sensibiliser ses disciples ; il leur donne en privé une version claire du sens de la parabole. Aux non-initiés, il propose en quelque sorte une énigme, afin de faire le tri de futurs nouveaux disciples.

Section 2. Les quatre profils de Jésus

Les Évangiles racontent la vie de Jésus sous une forme narrative. Leur nom provient du grec ancien εὐαγγέλιον (*euanggélion*) et désigne d'abord une récompense pour une bonne nouvelle, puis la bonne nouvelle elle-même. Le terme est repris par les auteurs du Nouveau Testament, où il figure à 76 reprises dont 60 chez Paul. L'auteur de l'Évangile selon Marc est le premier à faire de l'expression « Évangile de Jésus » l'annonce d'un règne de Dieu à venir.

La vision prophétique de Matthieu

Ce personnage juif apparaît pour la première fois dans les Évangiles dits « synoptiques » (ceux qui sont de même structure et contenu) ; il est appelé soit Matthieu, soit Lévi. Il est décrit comme un percepteur d'impôts, que Jésus appelle pour devenir le douzième apôtre. Son Évangile semble avoir été

---

nouveau. Dans sa joie, il va vendre tout ce qu'il possède, et il achète ce champ ». 13:44.

111 « Le Royaume des cieux est encore semblable à un marchand qui cherche de belles perles. Il a trouvé une perle de grand prix ; et il est allé vendre tout ce qu'il avait, et l'a achetée ». 13:45,46.

repris de Marc dans les années 80, soit très loin de la mort de Jésus. Pour les historiens modernes, il convient de dissocier l'apôtre Matthieu et le rédacteur de l'Évangile « selon Matthieu ».

Matthieu est l'Évangile du Roi. Il annonce que les projets de Dieu vont s'accomplir. En accord avec les prophéties, la naissance de l'héritier au trône de David a lieu dans la ville royale de Bethléem. Jésus a voulu entrer dans ce monde à la manière de tous les hommes, c'est-à-dire par la naissance. Objets d'une faveur exceptionnelle, Joseph et Marie ont été choisis pour accueillir et élever l'Enfant divin. Mais il fallait que son père adoptif accepte l'impensable et surmonte ses doutes sur l'enfant à venir. « Comme il y pensait, voici, un ange du Seigneur lui apparut en songe, et dit : Joseph, fils de David, ne crains pas de prendre avec toi Marie, ta femme, car l'enfant qu'elle a conçu vient du Saint Esprit. Elle enfantera un fils, et tu lui donneras le nom de Jésus ; c'est lui qui sauvera son peuple de ses péchés ».

La naissance de Jésus de Marie sans l'intervention d'un père humain est attestée par les Évangiles de Matthieu et de Luc, qui y reconnaissent le signe annoncé par le prophète Isaïe. Ce signe manifeste la venue du Fils de Dieu, « né du Père avant tous les siècles ». Il est le Verbe éternel « qui s'est fait chair » et « qui a habité parmi nous ».

L'Évangéliste conclut : « Tout cela arriva afin que s'accomplît ce que le Seigneur avait annoncé par le prophète : voici, la vierge sera enceinte, elle enfantera un fils, et on lui donnera le nom d'Emmanuel, ce qui signifie Dieu avec nous ».[112]

La visée biographique de Marc[113]

Bien que Marc ne fasse pas partie des premiers disciples de Jésus - il s'est converti plus tard – il est devenu assistant de l'apôtre Pierre et a pu écrire son Évangile d'après ce qu'il a appris auprès de lui. Pour l'essentiel, cet Évangile est un récit de la Passion, après une longue introduction. En effet, ce récit qui va de la dernière semaine de la vie de Jésus à la découverte de sa tombe vide, occupe plus du tiers du texte. Deuxième par sa place dans le canon des Écritures, il est aussi le plus bref et le plus ancien ; c'est l'un des trois « synoptiques », ainsi nommés de par leur synchronicité dans le récit. Selon la tradition, Marc est un compagnon de Paul cité dans le Livre des *Actes des Apôtres*.

« Des quatre évangiles, celui de Marc est le plus court et le plus condensé dans son mode de présentation. Marc rapporte les œuvres du Seigneur plutôt que ses enseignements. Il ne recourt pas à une forme passée dans ses récits, il se sert du présent. Le but de cet Évangile est de présenter le Christ comme le Serviteur de Dieu. Il n'était pas seulement le Roi d'Israël promis comme dans l'Évangile selon Matthieu, mais avant tout un Serviteur Souffrant. Dans cet Évangile selon Marc, Jésus est également présenté comme le vrai prophète ;

---

112 *Matthieu* 1:23.
113 L'attribution de cet Évangile à Marc a régulièrement été contestée par l'exégèse au profit d'un auteur anonyme. Son nom juif est Jean, Marc n'étant que son nom ou surnom romain ; la tradition l'identifie au Jean-Marc mentionné dans les *Actes des Apôtres*.

en tant que tel, il a annoncé la Bonne Nouvelle de Dieu ».[114]

Le thème de l'Alliance accomplie et de la parousie future n'est donc pas la visée directe de Marc. Il met plutôt l'accent sur la vie et l'œuvre rédemptrice du Christ.

La visée universaliste de Luc

Cet objectif se révèle dans son Évangile et dans les *Actes des Apôtres*, dont il est l'auteur. Les *Actes* s'achevant brutalement sans que l'on sache ce qu'il advint de Paul toujours détenu à Rome, on en conclut que Luc mourut peut-être avant lui. Cependant, selon Épiphane, théologien du quatrième siècle, à la mort de Paul Luc serait revenu évangéliser en Macédoine. Vivant une vie de moine, il serait mort à l'âge de 84 ans.

Comme celui de Marc, dont il tire 35 % de sa substance, *Luc* est une biographie du Christ. Comme historien de métier, il écrit « après s'être informé de tout ». Syrien et Grec, païen converti, médecin de profession, disciple des Apôtres, et plus tard compagnon de Paul jusqu'à son martyre, il est le seul auteur non-juif. Il a puisé dans la Source Q[115] et dans son prologue, il précise sa méthode et sa préoccupation première : faire sortir le message évangélique du contexte juif.

---

114 Bible en ligne.
115 Q comme l'allemand « Quelle ». C'est une source commune aux Évangiles, écrite et réécrite par d'anciens disciples. Il est difficile de délimiter les contours précis de la source Q, son plan, son libellé exact, puisque d'une part Matthieu et Luc ne l'ont pas reprise dans le même ordre ni le plus souvent selon le même libellé ; et d'autre part on ne sait pas s'ils l'ont rapportée *in extenso*.

« Si nous ajoutons à cet écrit le livre des *Actes des Apôtres*, Luc est l'auteur qui, après l'apôtre Paul, a apporté la plus grande contribution au Nouveau Testament. Un signe particulier caractérise cet évangile - autant que les *Actes des Apôtres*. Il s'agit de l'universalité du message du salut adressé à tous les hommes dans le monde entier ».[116]

En associant ces deux faits - universalité du message et Luc seul auteur non-juif - on comprend la portée essentielle de cet Évangile par rapport à la Nouvelle Alliance. Dans la tradition qui attribue à chacun des Évangélistes un des quatre animaux de la prophétie d'Ezéchiel[117], le taureau a été attribué à Luc, à cause du sacrifice d'un taureau par Zacharie dans le Temple de Jérusalem, par lequel s'ouvre son Évangile. Jésus est, chez Luc, le nouvel Adam, il est donc le père de toute l'humanité, c'est une nouvelle ère qui s'ouvre avec lui.

La vision théologique de Jean

Disciple et ami de Jésus, Jean abandonne la chronologie et la généalogie pour enseigner les vérités premières : la divinité de Jésus, le salut par le Christ, la promesse de vie éternelle, la nécessité de naître de nouveau, le devoir d'aimer les autres. Il met en avant la Nouvelle Alliance. Son symbole d'évangéliste est l'aigle, d'où le surnom d'« aigle de Patmos ». Cet attribut fait référence à la vision d'Ézéchiel et au miracle selon lequel le rapace lui aurait servi de pupitre lors de son exil sur l'île de

---

116 Bible ouverte.
117 On a prêté aux Évangélistes les « quatre faces » des chérubins : l'ange pour Matthieu, le taureau pour Luc, l'aigle pour Jean et pour Marc, le lion.

Patmos, au cours duquel, selon toute vraisemblance, il a rédigé l'*Apocalypse de Jésus-Christ*.[118]

En résumé, les quatre Évangiles présentent le Christ de quatre façons : Jésus Roi, Jésus Serviteur, Jésus Nouvel Adam, Jésus Dieu. En outre il a trois visages : celui qui s'avance vers le lieu de son combat, décisif, contre la mort. L'homme de la non-violence, qui arrête le cercle infernal du Mal en le prenant sur lui.[119] Un homme aux exigences radicales, car il impose à ceux qui veulent le suivre des conditions de vie presque inhumaines ; il ne cherche pas à recruter à tout prix. Il prévient qu'il faudra accepter l'inconfort et l'insécurité pour le suivre. Sans décourager, il pose des conditions : les idées généreuses, ça ne suffit pas, il faut un engagement profond et personnel, car il accomplit l'œuvre de Dieu avec des hommes qu'il choisit. Les quatre Évangiles convergent sur la personne d'un Maître de l'Histoire, par qui tout a été fait et tout sera accompli.

Section 3. L'eschatologie, science des temps derniers[120]

---

[118] Qu'il s'agisse du même personnage a souvent été contesté. Ce sujet est traité dans la première section du chapitre final traitant de l'*Apocalypse* : objectifs et contexte.

[119] Cette non-violence ne signifie pas du tout la mollesse, qui relativiserait la frontière entre le Bien et le Mal. Au contraire, Jésus impose à ceux qu'il recrute des exigences précises.

[120] « L'eschatologie chrétienne n'a rien à voir avec des 'dévastations finales' apocalyptiques, car son objet n'est pas la 'fin', mais bien au contraire la création nouvelle de toutes choses. L'eschatologie chrétienne est l'espérance remémorée de la résurrection du Christ crucifié, et elle parle par

On peut légitimement s'interroger sur ce que sera la vie future, mais ce questionnement ne clôt pas le débat. Le statut futur de l'humanité transfigurée entre dans le champ d'un mystère réservé à Dieu ; s'il était connu, sa connaissance annihilerait la liberté de croire. Nul ne saurait émettre une opinion définitive sur cette question demeurée cachée.

« Il faut renoncer à imaginer cette vie de l'au-delà et garder une très grande sobriété à son propos. Que pourrait-on dire à l'enfant qui va naître et qui est encore dans le sein de sa mère pour lui 'dévoiler' la vie qui l'attend ? Qu'y a-t-il de commun entre la chenille rampante et le papillon qui volette ? C'est à la fois le même être qui continue, et pourtant, c'est une tout autre vie. La tige de blé verte est tout autre que le grain de blé. Ce sont là autant d'images qui suggèrent discrètement la résurrection qui nous attend ».[121]

Tous les liens personnels seront retrouvés et amplifiés, car comme l'affirme Marie-Noëlle Thabut : « Nos amours humaines, d'ici-bas, ne peuvent pas mourir; elles sont l'image de Dieu, elles sont ce qui en nous est à l'image de Dieu; elles traversent la mort ; nous les retrouverons transfigurées sur l'autre rive. Comme le dit saint Augustin: on ne peut perdre celui qu'on aime si on l'aime en Celui qu'on ne peut perdre ».[122]

Quand nous aimons nos proches, nous voudrions que rien ne vienne interrompre une histoire qui fait

---

conséquent de commencements nouveaux dans la fin mortelle.» Jürgen Moltmann, *La venue de Dieu*, p. 278.
121 Commentaire du site *Kérit*.
122 Aide aux homélies de Marie-Noëlle Thabut.

notre raison d'exister. De même, c'est parce que nous croyons que nous avons du prix aux yeux de Dieu et qu'il est le Maître de la Vie, que nous croyons en un au-delà de la mort. Nous proclamons dans le Credo notre foi en la résurrection, ce qui devrait avoir un grand impact sur notre vie, car Dieu ne veut rassembler auprès de lui que ceux qui désirent plus que tout vivre en sa présence, il ne veut pas s'imposer. Notre vie sur terre est la préparation de la vie dans l'au-delà : on y apprend à aimer avec toujours plus de vérité, on y prépare le face-à-face avec Dieu. Si, ici-bas, je me moque pas mal de lui, s'il m'est indifférent, il respectera la distance que je mets entre lui et moi. Mes choix d'aujourd'hui conditionnent ma vie dans l'au-delà.

La « fin du monde »

Le mot Apocalypse signifie « dévoilement » et prend tout son sens sous la plume de Jean de Patmos : elle dévoile un projet. N'allons pas croire certaines sectes qui disent que la fin du monde est pour telle date. « Nul ne sait ni le jour ni l'heure, pas même le Fils » a dit Jésus. À nous d'entendre avec intelligence cette réponse et d'y lire à la fois notre présent et notre futur, tant collectif qu'individuel.

Que disent les textes apocalyptiques ? Il y aura une fin du monde. Brutale ou progressive, on ne sait pas. Ce qu'on sait, c'est qu'il y aura une fin et qu'il y aura un bilan. Une fin, au double sens du terme : non seulement quelque chose qui se termine, mais quelque chose qui enfin prend un sens, devient un aboutissement, un but, une finalité. Une conversion universelle : « Le Temple ne sera plus uniquement le sanctuaire des tribus d'Israël ; désormais, il sera le lieu de rassemblement de toutes les nations. Parce que toute l'humanité aura enfin entendu la bonne nouvelle de l'amour de Dieu ».[123] Elle entrera dans son projet qui est un projet de paix.[124] Tous le choisiront comme juge et comme arbitre : « Dieu sera juge entre les nations et arbitre de peuples nombreux ».

Et puis il y aura un bilan. La « colère de Dieu » s'exercera, certes, mais non pas contre l'homme. Elle s'exercera contre ses idoles: l'appât du gain, la corruption, l'égoïsme, l'orgueil, la volonté de puissance... Au-delà de ce temps de purification, Dieu ayant la volonté de promouvoir sa créature vers la perfection, ne subsistera que la tendresse. Le jour du jugement sera celui de notre libération définitive. En effet, la fin ultime de l'humanité ne saurait être une disparition ou une condamnation, mais un accomplissement vers un nouveau futur. Il ne s'agira pas d'une extinction, mais d'une transfiguration.

Fin du monde, ou fin des temps ? Si l'on entend par « monde » notre petit univers terrestre, il est certain que sa « fin » est programmée ; il reste à la planète tout au plus l'équivalent de son âge actuel. Mais si par monde on imagine l'ensemble de notre univers, qui semble-t-il est en expansion, ce cosmos issu du *Big Bang*, atome primitif qui selon le chanoine Georges Lemaître a soudain explosé[125] comme

---

123 *Ibidem*.
124 « Jean voit la victoire des pauvres et des petits, non pas comme une revanche mais comme le dévoilement de la victoire de Dieu sur les forces du mal ». *Ibidem*.
125 D'une façon générale, le terme *Big Bang* est associé à toutes les théories qui décrivent notre Univers comme issu

un craquement d'allumette, on parle d'un temps infini comme l'espace, qui se déploient dans un vide abyssal. Le futur non dévoilé, c'est la fin des temps « même pour le Fils » nous dit Jésus.[126] Ce sont des secrets de Dieu qui nous seront révélés mais auxquels nous n'accéderons jamais par la science.[127]

Sur ces sujets, Moltmann s'avoue très prudent. « Il est déjà difficile de dire quelque chose de l'avenir d'une manière générale, surtout lorsqu'on n'a pas le pouvoir soi-même d'imposer ce qu'on annonce. À plus forte raison devrait-il être difficile de dire quelque chose concernant l'avenir ultime du monde dans son entier ! »[128] De nos jours, l'apocalypse est vue comme une série de catastrophes dont finalement, Dieu serait responsable en décidant de détruire son œuvre.[129] Il a laissé l'homme libre de le reconnaître ou de repousser son idée même. Il y aura donc un partage à la fin des temps, plaçant les

---

d'une dilatation rapide. Si l'on en croit les théories les plus récentes, l'espace-temps physique est infini dès lors que tout univers « finissant » peut engendrer d'autres univers.

126 Isaïe l'a imaginé harmonieux, dans une coexistence paisible du loup et de l'agneau.

127 « La question c'est, si nous ne tenons plus ce discours sur les fins dernières, paradis, purgatoire, en fait nous empêchons l'humain de se situer par rapport à des questions qu'il se pose ; on ne peut pas donner de réponse scientifique, mais il faut donner réponse à des questions non scientifiques qui existent sur la base d'un ensemble de données. La science interroge, elle donne des résultats, elle relance la quête philosophique ». A. Guggenheim, Collège des Bernardins, Jeudis Théologie.

128 Jürgen Moltmann, *La venue de Dieu.*, p. 268.

129 Le concept d'apocalypse n'est pas synonyme de catastrophe ou d'engloutissement final ; les temps apocalyptiques signifient la possibilité d'un surgissement, de la révélation d'un autre monde transformé.

agnostiques face à leur refus. Ce qui adviendra d'eux reste un mystère ; Jésus parle de « pleurs et grincement de dents ». Ce qui me paraît sûr, c'est qu'ils ne sont pas voués à disparaître, ils ne seront pas détruits, ne se retrouveront pas pour toujours dans un enfer qui serait un lieu de l'absence de Dieu ; ils rejoindront un jour les autres, dans la joie d'être pardonnés, car tous auront besoin de pardon.

Dieu sera « tout en tous. Sinon, à quelle fin aurait-il tout créé ? »[130] Jürgen Moltmann croit au rôle éminent de la Création dans l'avènement du monde nouveau. Par l'incarnation du Christ, elle a été mise en mesure de « converger » afin de mener à terme le dessein divin. C'est ici qu'intervient le concept d'« advenue » de Dieu cher à Moltmann ; celle-ci comporte à la fois sa manifestation et son « inhabitation » avec le cosmos.

Le Christ viendra comme un voleur : tenons-nous donc prêts pour ce moment. Il est celui qui arrive sans s'annoncer, qui est là incognito, qui ne manque aucune occasion de frapper à notre porte, de nous ramener à l'essentiel, le Royaume à construire. L'heure est venue de sortir de notre sommeil, car Jésus a annoncé un temps de longue épreuve. Tous ne seront pas prêts à vivre son retour. Dans *Matthieu*, Jésus parle de ce retour à la fin de la tribulation. Paul l'appelle « le Jour du Seigneur », un jour de rétribution divine, qui se manifestera par

---

130 « Dieu ne se 'déploie' pas pour anéantir sa création et pour prendre sa place et son temps, mais pour y habiter et devenir 'tout en tous'. [...] C'est pourquoi, pour parler de façon imagée, le 'dernier jour' est en même temps le commencement de l'éternité : un commencement sans fin ». Moltmann *ibidem* pp. 355-356.

des événements cosmiques et où le signe du Fils de l'homme[131] apparaîtra dans le ciel. Jésus dit que tout cela arrivera « aussitôt après des jours de détresse ». Le croyant n'a pas à craindre un jugement soudain : le « voleur dans la nuit » ne le prendra pas par surprise. Les croyants seront mis à part, dit Paul : « Mais vous, frères et sœurs, vous n'êtes pas dans les ténèbres pour que ce jour vous surprenne comme un voleur. Seuls les enfants des ténèbres seront pris au dépourvu, tandis que nous, nous sommes des enfants de la lumière et des enfants du jour. Nous ne sommes pas de la nuit ni des ténèbres. Gloire à Dieu, qui ne nous a pas destinés à la colère, mais à la possession du salut par notre Seigneur Jésus-Christ ».[132] Et Jésus avertit les perdus : « Tenez-vous prêts, car le Fils de l'homme viendra à l'heure où vous n'y penserez pas ».[133]

Comment se tenir prêt ? Dieu a pourvu à un moyen d'échapper au jugement : par Jésus-Christ. « En acceptant Jésus comme votre Sauveur et Seigneur, dit Paul, vous obtiendrez le pardon des péchés, la miséricorde et le salut, avec la promesse de la vie éternelle. Le voleur arrive, mais vous pouvez être un enfant du jour. N'attendez plus : l'année de grâce du Seigneur est venue ».

Mais le monde poursuit son train-train au lieu de ressentir l'urgence. La mort qu'il nous faut redou-

---

131 « Quand Jésus parle de lui en disant 'le Fils de l'Homme', il ne parle donc pas de lui tout seul ; il annonce son rôle de Sauveur, de porteur du destin de toute l'humanité ». Marie-Noëlle Thabut.
132 *I Thessaloniciens* 5:1-4.
133 « Dieu les a tous enfermés dans la désobéissance pour faire à tous miséricorde ». *Romains* 11:32.

ter, ce n'est pas tant celle qui conduit au cimetière, que celle qui insensiblement nous coupe de Dieu : disputes, jalousie, débauche, beuveries dit encore Paul qui nous avertit : « Revêtons-nous des armes de la lumière ». Il nous faut apprendre à marcher à la lumière du Seigneur, à suivre ses sentiers. Alors que nous nous faisions du mal les uns aux autres, apprenons désormais à nous rendre des services : de nos épées faisons des socs de charrue, et de nos lances, des faucilles. C'est le mot d'Isaïe : « Toutes les armées du monde vont transformer leurs engins de mort en outils agricoles. On ne lèvera plus l'épée nation contre nation, on ne s'entraînera plus pour la guerre ».

Le Jugement dernier

« Le Jugement dernier n'est pas une réalité terrifiante, mais dans la vérité du Christ il est la réalité la plus admirable qui puisse être annoncée aux hommes ».[134]

L'attente d'un « Jugement dernier » a fasciné de façon toute particulière l'imagination des chrétiens. Dans le *Requiem* de Mozart, qui reprend une séquence du chant grégorien, dans la Chapelle Sixtine et les églises médiévales, cet événement est décrit comme devant inspirer la terreur. Il n'existe que deux sentences, être à droite ou à gauche du Christ ; pas d'alternative entre élus et damnés. Comment comprendre un tel message selon lequel Dieu détruirait toute une partie de l'humanité ? « Comment Dieu, qui aime ses créatures, peut-il

---

134 Jürgen Moltmann, *La venue de Dieu*, p. 310.

condamner non seulement ce qui en elles est mauvais, mais ces créatures elles-mêmes ? »[135]

Le message traditionnel est ambigu : si Dieu doit faire un tri des méchants en les isolant des bons, pourquoi les a-t-il créés ? Comment a-t-il pu se contredire en suscitant des êtres humains par avance condamnés ? Peut-il se contredire de la sorte ?[136] Certes ils ont été créés libres et auront à rendre compte de leur vie, à prendre conscience de la gravité de leur faute de refus. Mais Satan a été vaincu par le Christ, il a été jeté dans le « lac de soufre et de feu » et s'acharne en vain à les convaincre de le rejoindre dans son espace de non-Dieu. Pour autant, si l'on s'attache exclusivement à cette promesse selon laquelle tous seront sauvés, n'est-pas la porte ouverte au laxisme et au laisser-aller ?

La fin du monde, le Jugement dernier sont contenus dans le présent depuis toujours. Les famines, les ouragans, les épidémies annoncés sont déjà là ; les soulèvements et les guerres fratricides, tout autant. Les persécutions, les vengeances, les injustices, en cherchant bien, tout y est. Et comme si la crainte du réchauffement de la planète, les menaces terroristes, les désastres écologiques, la pollution marine, les canicules, les inondations dues à la montée des eaux et les rumeurs de guerres ne suffisaient pas, l'Évangile vient en rajouter avec l'annonce de catastrophes pires encore. La Bible nous parle du tragique futur de notre humanité, et

---

135 Valverde Campos *op. cit.* p. 288.
136 « ... car il veut que tous les hommes soient sauvés et parviennent à la pleine connaissance de la vérité ». Première lettre de Paul à Timothée 1:4.

même de la fin du cosmos tout entier. Mais le soleil qui s'obscurcit, les étoiles qui tombent du ciel comme si la terre était le centre du cosmos, sont des images pour dire que « tout ce qui brille n'est pas or ». Ce qui avait pu nous sembler beau et attirant, tout ce que nous adorions, perdra son éclat et disparaîtra quand Dieu apparaîtra en pleine lumière. On trouve de telles prédictions dans des textes au style étrange, qu'on appelle les apocalypses, dont celle de Jean qui se démarque par une promesse de salut, grâce à l'Agneau. Ces textes ont été écrits à une époque particulière, à partir du deuxième siècle avant Jésus, dans des périodes fortement troublées de l'histoire d'Israël, où se succédaient des conflits sanglants, persécutions et malheurs de toutes sortes. Leur « prototype » est le livre de Daniel.

Chapitre 3

La progression de l'histoire

L'interprétation chrétienne

Le christianisme en propose une vision ; il affirme que la Vie porte en elle une étincelle d'avenir. Il annonce que l'homme revêtira cette « Image » que le Créateur avait prévue, par pur besoin de partager sa propre nature.[137] Comme tout, dans ce « domaine réservé »[138], sera l'œuvre de Dieu, tout sera immergé dans un divin dégagé de toute contingence. Le christianisme lui-même aura achevé sa mission, le Christ sera de retour et ouvrira pour tous les portes de son Royaume. Les religions issues d'autres cultures reconnaîtront en Lui leur raison d'être. Cette planète Terre, choisie par Dieu pour faire apparaître l'homme dans toute sa perfection, suivra la consigne de l'Ascension : « Allez annoncer à tout l'univers le salut ».

---
137 Dieu dit : « Faisons l'Homme à notre image et à notre ressemblance ». *Genèse* 1:26.
138 Le paradis : « Verger verdoyant entouré d'un mur le protégeant des vents brûlants et desséchants du désert ». Jean Delumeau p.149.

Les trois étapes de convergence

Je voudrais tenter, sans grande rigueur n'étant pas historien et sans prétendre à une logique rigoureuse, de placer face à face l'histoire générale et celle judéo-chrétienne, pour voir si une sorte de convergence pourrait illustrer l'idée teilhardienne de « montée vers le Point Ôméga ». En d'autres termes, voir si un effet de rapprochement entre les deux séries d'événements livre une idée nouvelle.

Teilhard de Chardin, malgré des maladresses dans la démonstration et des excès philosophiques qui lui ont valu des opprobres et un certain oubli, a donné une clé de lecture globale de sa pensée (Figure 3) en reprenant les paroles de l'Agneau dans l'*Apocalypse* : «Je suis l'Alpha et l'Oméga, le premier et le dernier, le commencement et la fin.»[139]

En effet, si l'on tente de « caler » sur la séquence des événements historiques depuis Homo Sapiens[140] des jalons d'histoire du judéo-christianisme, on ne voit a priori aucun lien qui permettrait de vérifier son hypothèse. Tout au plus pourrait-on supposer qu'a eu lieu une accélération – une concentration dirait Teilhard - à partir du début de notre ère, tant du côté chrétien, où apparaît une série de divisions (l'Islam, le schisme d'Orient, la Réforme, l'isolement renforcé du catholicisme romain) formant un bouquet de spiritualités nouvelles, que du côté de l'essor de l'Occident conquérant.

---

139 *Apocalypse de Jésus-Christ* 21:6.
140 Homo Sapiens se prépare au Miocène et apparaît à la toute fin du Pléistocène, au début de l'Holocène, trois cent mille ans avant notre ère. Certains auteurs ont introduit ensuite un « Anthropocène ».
https://fr.wikipedia.org/wiki/Homo_sapiens.

Sur cette figure, deux événements majeurs occupent le centre de l'image : l'appel d'Abraham et la naissance de Jésus. Ils délimitent trois étapes de l'histoire du salut : une préparation à la venue du Christ que relate l'Ancien Testament, un accomplissement (« Tout est accompli ! ») après le sacrifice du Christ et enfin un aboutissement, au sortir de deux guerres mondiales, par une recherche de paix et de partage dans le Village-monde.

La préparation

Longtemps avant notre ère, Dieu fait irruption dans l'histoire en faisant alliance avec Abraham, dont sera issu le destin du peuple hébreu délivré d'Égypte par Moïse, David son premier roi, qui font émerger l'idée d'un Dieu unique. De leur côté apparaissent la très ancienne Égypte, la Chine impériale, les Perses, Alexandre et bientôt l'empire romain, contemporain d'Isaïe, le prophète de la venue du Messie.

L'accomplissement

L'apparition du Christ, qui occupe le centre du tableau, signifie à la fois la naissance d'une religion conquérante et l'attente de la fin des temps. Elle a, dès ses débuts, suscité des martyrs jusqu'au règne de Constantin, qui a donné une impulsion à ce qui deviendra la chrétienté médiévale, dans l'empire carolingien et le Saint Empire Romain Germanique.

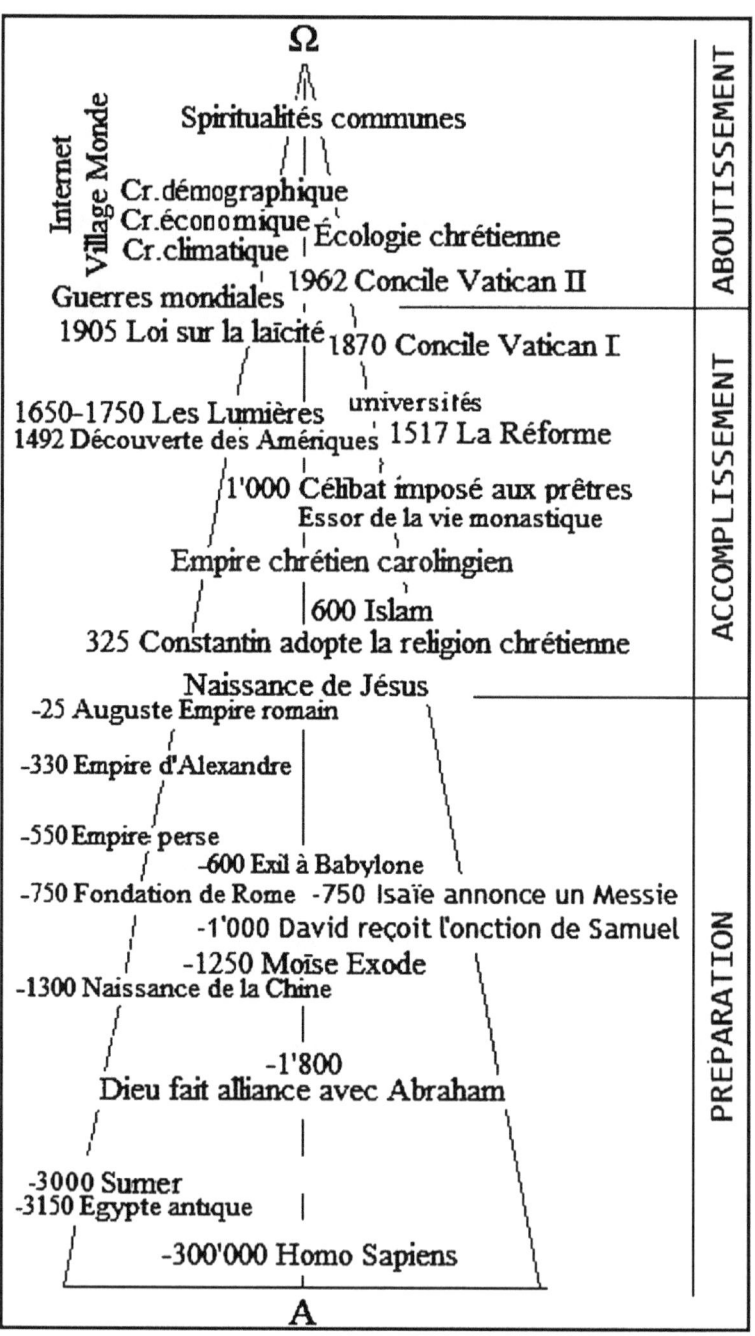

Figure 3. La montée vers Ôméga.

On assiste alors à une accélération de l'histoire, par l'essor des relations entre les peuples à l'échelle du monde et le progrès scientifique et technique en Occident. En négatif, ces avancées priment peu à peu sur leurs origines chrétiennes, reléguées au second plan car peu compatibles avec la poursuite effrénée des richesses matérielles.

Le christianisme médiéval, très attaché à l'esprit des cathédrales, fait place à une cléricalisation des prêtres, de plus en plus coupés de leurs ouailles, et au succès du choix d'une vie retirée dans les monastères. Mais la sclérose de l'appareil romain, la vénalisation des indulgences suscitent la Réforme.

Deux siècles plus tard, en riposte à l'esprit des Lumières, le premier Concile du Vatican tente d'ériger en dogme l'infaillibilité du Pape, mais il est interrompu par le Risorgimento italien, qui réduit à la ville de Rome les frontières des États pontificaux.

La grande menace

Désormais le monde devient un vaste chantier de fabrication d'armes sous des régimes totalitaires. Une première guerre mondiale éclate en 1914. En réaction, les nations non belligérantes s'unissent aux États-Unis et fondent la Société des Nations. Mais les idéologies foisonnent et le parti national-socialiste allemand inaugure une politique d'invasion de l'Europe et de discrimination raciale, qui dégénère en guerre froide entre les deux grands vainqueurs russes et américains, sous la menace des armes nucléaires. Le vingtième siècle aura été, dans ses débuts du moins, le pire moment de toute l'histoire ; il sera aussi celui des « années glorieuses » et de l'exploitation sans limite des ressources de la planète, avec pour unique objectif la croissance. La diffusion du christianisme dans le monde contraste avec son déclin en Occident. Mais les persécutions des chrétiens s'intensifient. Désormais l'Europe ne cesse plus de se séculariser, décrétant dès 1905 le principe de la laïcité. Elle a abandonné son bagage spirituel séculaire et vit désormais, selon le philosophe Alexandre Havard, sur des règles davantage que sur des valeurs : « Elle ne transmet plus le sens du bien, du beau, de la Grandeur, ni le sens de la souffrance. L'intellect de l'être humain d'aujourd'hui n'est plus relié au cœur ni à la volonté, mais il fonctionne en vase clos ». Or les valeurs oubliées étaient l'unique alternative au chaos mondial créé par les guerres et les conflits d'intérêts. À défaut de vision à long terme sur ses propres objectifs, la technologie toute-puissante met en danger l'humanité elle-même.

Trois crises se préparent, outre un changement climatique de plus en plus problématique, un exode massif à partir de régions devenues inhabitables, une croissance économique en berne faute d'énergie et de ressources minérales, et la chute des valeurs boursières, qui risque de paralyser l'économie réelle et plongera dans la misère les populations les plus exposées.[141]

Au sortir des guerres de grande ampleur, sous la menace dissuasive de l'emploi du nucléaire, le monde politique se voit contraint d'adopter des

---

[141] Cf. Charles Hüssy, 2021, *L'ancienne alliance. Une modernité dans l'impasse ? Op. cit.* Systémicité des crises, p. 138.

stratégies d'ensemble et de réfléchir à deux fois avant d'avancer ses pions sur l'échiquier mondial. Pour tenter d'insuffler un esprit chrétien en perte de vitesse, l'Église impuissante à protéger les victimes du nazisme sous Pie XII[142], opère avec Jean XXIII, par le Concile Vatican II, une « remise à jour » (un « Aggiornamento ») par une assemblée de trois mille évêques. La société civile, après l'horreur des guerres, tente à nouveau d'asseoir tous les gouvernants à la même table (création de l'ONU) lors de sessions qui obtiennent quelques succès dans la résolution de conflits régionaux. En bref, après les souffrances de toutes sortes infligées aux populations, le monde prend conscience de l'impasse dans laquelle il s'est engagé ; il s'achemine vers un constat d'échec et tente de se transformer en « Village-Monde » et d'établir un dialogue mondial.

---

[142] Ce Pape se distinguait par son mutisme. Depuis le début des années soixante, on a tenté en vain de lever le voile sur la politique vaticane du secret concernant les Juifs, qui demeure enfoui sous une chape de plomb. L'historienne Annie Lacroix-Riz, auteure de « Le Vatican, l'Europe et le Reich » associée à la production d'un documentaire intitulé « 39-45, la face cachée du Vatican durant la deuxième guerre mondiale » n'hésite pas à parler de politique négationniste voulant masquer non seulement les silences de Pie XII, mais son appui et celui de toute la Curie à l'extermination et la spoliation des Juifs fondées sur un engagement total aux côtés du Reich, seul recours contre le bolchévisme. Selon cette auteure, cette politique pro-allemande, menée essentiellement par le cardinal Pacelli, futur Pie XII, remonte au moins à l'entre-deux-guerres, par la volonté de Pie XI.

L'aboutissement

Désormais, une nouvelle gouvernance devra voir le jour, œuvrant non seulement pour la paix, mais pour un suivi des crises, avec des mesures contraignantes à l'échelle du Village-Monde. Dieu attend de chaque chrétien et de tous les adhérents à des religions différentes un engagement total. Le spirituel prendra le pas sur le matériel, mais il n'aura de valeur que s'il surmonte ses clivages, notamment dans le domaine religieux. Il devra conduire le monde à une sobriété matérielle, à un rééquilibrage entre riches et pauvres, condition nécessaire à un maintien de la paix. Des valeurs communes tendront à rapprocher les peuples, grâce à l'échange d'idées via le numérique permettant une communication permanente entre les dirigeants. Les défis vont prendre de plus en plus d'acuité ; dans l'esprit d'un Teilhard, les forces de convergence l'emporteront, elles susciteront la recherche d'une spiritualité commune à toutes les cultures, sous l'égide du Christ.

L'amour, fondement de la vie future

Qu'en sera-t-il du vivre-ensemble sur la Nouvelle Terre ? Comment vivra-t-on sous cette alliance à rétablir avec la nature, comment va-t-on trouver une nouvelle manière d'être en relation ? Car habiter ensemble, ce sera tout partager, dans l'amour reçu de Dieu.

Habiter, c'est s'affirmer; habiter suscite l'*Érôs* (la libido, l'amour corporel), la *Storgè* (l'affection familiale, l'amour parental), la *Philia* (l'amitié, le plaisir de la compagnie) et l'*Agapè*[143], amour du prochain, désintéressé, divin, universel. L'amour auquel nous sommes destinés totalisera tous ces amours. Chacun apprendra comment il faut aimer, d'un amour qui ne sera ni envahissant ni désincarné. Il laissera toute la place à l'autre en suscitant son être profond. Car on peut dire que la sainteté, vertu suprême, peut être comprise comme le regard posé sur celle d'autrui.

Le « point Ôméga » cher à Teilhard se prolongera par un nouveau départ dans la jonction de toutes les forces cosmiques, grâce à la connaissance à laquelle Dieu nous aura fait parvenir. Dans tous les domaines, la production intelligente de biens de base et de nourriture, la maîtrise des maladies et l'immortalité, le développement personnel et collectif, mobilité, sécurité, conquête de l'espace, des technologies aujourd'hui impensables en découleront. Quand bien même nous échappe en son essentiel notre condition future de ressuscité, nous savons que la fine fleur du savoir humain aura pu éclore sous la mouvance du Dieu Esprit.

Mais que voilà discours optimiste ! Il faudrait d'abord établir la justice, repartir sur d'autres bases, qui n'excluent personne, sur le plan de la nourriture, de l'éducation et de l'égalité devant la santé. Voilà pourquoi l'expression biblique « Terre nouvelle » prendra tout son sens, quand notre planète aura épuisé ses dernières ressources et connaîtra la

---

143 « L'amour *Agapè* est celui de Jésus pour l'humanité entière, pour laquelle il a donné sa vie. C'est de cet amour qu'il nous est proposé de l'aimer. Il en va de même envers notre mère nature ». Pierre Teilhard de Chardin, *La Vie cosmique*, p. 233.

« grande épreuve », six fléaux répétés à trois fois, ou la « grande tribulation »[144] annoncée dans le Livre de l'Apocalypse.

---

144 Grande tribulation : Les étoiles tombent du ciel, le soleil et la lune s'obscurcissent. Au même moment paraît le signe du Christ suivi de près par son avènement. *Apocalypse* 24:30.

Chapitre 4

Convergence ou dispersion

« Dans les dix ans qui viennent, deux dynamiques contraires vont probablement jouer sur la planète un rôle déterminant. D'une part, les intérêts des grandes firmes mondialisées, poussées par des préoccupations financières, qui se servent de la technoscience dans un esprit exclusif de profit. D'autre part, une aspiration à l'éthique, à la responsabilité et à un développement plus équitable qui tienne compte des contraintes d'environnement vitales pour l'avenir de l'humanité. »[145]

Section 1. Les forces de dispersion

Opposées aux forces de convergence, les pratiques des hommes peinent à s'ajuster au projet de Dieu manifesté en son Verbe incarné. D'une part elles mettent à mal son œuvre créatrice, d'autre part elles n'ont plus de repères, obnubilées par le progrès matériel et la compétition. Ces réalités procèdent de l'originelle tentation illustrée par le récit du livre de la *Genèse* au chapitre trois. « C'est

---
[145] Ignacio Ramonet, *Le Monde diplomatique*.

de la terre que Dieu reviendra au-devant de nous. Mais il reste vrai que nous n'avons aucune communion avec la terre. Nous l'admirons, mais nous la piétinons de bien des manières, nous l'exploitons de façon déraisonnable, de sorte que des cataclysmes de notre fait pointent à l'horizon ».[146]

La clameur de la terre

Fabien Revol s'est investi sur « La souffrance de la Création dans le contexte de l'écologie intégrale ». Selon lui, d'après l'épître aux Romains, Dieu soumet la création à une évolution non dirigée, car telle est la façon dont il l'a créée en un inachèvement constitutif. L'homme qui est censé l'accomplir est en train de la dévoyer, depuis qu'il s'est mis à vouloir l'asservir. C'est la meilleure définition du péché originel, un événement du passé qui a de lourdes conséquences dans le présent. Les autres créatures sont soumises à l'ordre instauré par Dieu ; seuls les hommes défient cet ordre en paroles et en actes. On peut aussi parler de péché écologique.

Le mal est à l'œuvre, et son but est de diviser les hommes pour empêcher les avancées spirituelles de se réaliser et ainsi, entraver l'« advenue » de Dieu. Le mal suscite, selon l'expression de Leonardo Boff, une « clameur de la terre ».[147] Le même désir de

---

146 Pierre Teilhard de Chardin, *Le phénomène humain.*, p. 337.
147 « La clameur de la terre et des pauvres est comprise comme la double expression d'une parole de Dieu immanente à la vie et la culture des peuples qui poussent la clameur en question. C'est aussi l'expression d'une motion de l'Esprit Saint qui agit comme force de libération dans des situations d'oppression, ou comme force d'interpellation des chrétiens en vue de l'action face à des situations

toute-puissance crée des disparités criantes et engendre conflits et luttes pour le pouvoir. Initiée par le récit du meurtre d'Abel par son frère, la faute originelle s'est propagée dans toute l'histoire humaine. C'est l'égoïsme qui, de plus en plus, prend le pas sur la solidarité ; la malédiction biblique s'est transmise de génération en génération. Conscient de la portée planétaire et croissante d'une menace d'autodestruction, le pape François invite à « oser transformer en souffrance personnelle ce qui se passe dans le monde, et reconnaître ainsi la contribution que chacun peut apporter ».[148]

Il faut maintenant que le monde se prépare à la venue du Christ par des forces d'union et d'accomplissement dans tous les domaines de la politique, de l'éthique, de la connaissance et dans la maîtrise écologique de la nature.

Cette « clameur de la terre » est portée par l'Esprit Saint, qui imprègne le monde.[149] Souffle vivant (*rûah*), il est à l'œuvre dans la croissance des organismes et les processus naturels, il est une force d'unité, il « s'incorpore » dans la création, il « inhabite » comme dirait Jürgen Moltmann. « De même que l'Esprit Saint est le lien d'amour entre les personnes de la Trinité, Wallace propose de penser qu'il assure la même fonction entre les créatures dans la création ».[150] L'Esprit Saint s'en trouve blessé

---

d'injustice ». Fabien Revol, 2015, *La souffrance de la Création dans le contexte de l'écologie intégrale. Le temps de la Création.*, op. cit.
148 Encyclique *Laudato si'*. 2015.
149 Wallace M, *The wounded spirit* et *The Wild Bird Who Heals*.
150 Fabien Revol, p. 292.

par la maltraitance humaine. « L'Esprit Saint porte en lui, à l'échelle de la terre, ce que le Christ a vécu sur la Croix »[151].

La perte du sens

Disons plutôt, « perte du sens du mot sens » ou, selon la formule de Cornelius Castoriadis, « montée de l'insignifiance ». Dans une perspective individuelle, le sens est ce vers quoi tend chaque personne, une interrogation sur l'origine, la nature et la finalité de sa vie ou plus généralement sur son existence. Ainsi pour Platon, le but de la vie serait d'obtenir la plus haute forme de connaissance, « l'idée d'où dériveraient toutes les choses bonnes et utiles ». Selon le philosophe anglais Jeremy Bentham, le sens de la vie est « ce qui amène le plus de bonheur à la plus grande quantité de personnes possible ».

Pour un existentialiste, c'est à chaque personne de définir le sens de sa vie ; la vie n'est pas déterminée par un dieu super-naturel et l'Homme est libre. Friedrich Nietzsche pense que la valeur de la vie ne saurait être évaluée, tandis qu'Albert Camus, pour qui c'est « la plus pressante des questions », la vie est absurde mais « le constat d'une vie sans espérance religieuse n'est pas pour autant dénué de sens ni de joie. »

Dans une perspective collective, on aborde le sens comme ce que peut être le terme de l'histoire. « Qui sommes-nous ? » questionne Jean Staune[152],

---

151 *Ibidem* p. 294.
152 Jean Staune, 2007, *Notre existence a-t-elle un sens ? Une enquête scientifique et philosophique.* Presses de la Renaissance.

philosophe des sciences : « Sommes-nous ici par hasard ? », ce qui implique de savoir d'où nous venons et comment a pu émerger du néant un cosmos aussi parfait.[153] Trinh Xuan Thuan estime que le sens ultime de l'univers provient de la connaissance humaine[154], rejoignant ainsi la phénoménologie de Edmund Husserl, qui a pour but de faire de la philosophie une discipline empirique appréhendant la réalité telle qu'elle se donne à travers les « phénomènes », un terme issu du grec ancien « phainomai », littéralement « je me montre ».

Toutes ces explicitations du mot « sens » ont pourtant en commun d'être une vaine tentative d'expliquer la vie en faisant l'économie de ses origines. Cette question cruciale refait surface, depuis que les physiciens accordent une place à la réflexion sur un éventuel « plan sous-jacent » qui déterminerait les constantes physiques dans leur incroyable précision ayant permis l'apparition de l'homme. Jean Staune va jusqu'à penser qu'un Univers primordial, en suscitant la naissance et l'évolution d'univers comme le nôtre, a « tiré le bon numéro » et que l'hypothèse d'un Créateur n'est plus hors du champ de la science.[155] De son côté, le duo Bonnassies-Bolloré (*cf.* bibliographie) affirme sans

---

153 *Cf.* Charles Hüssy, 2021, *L'ancienne alliance. Une modernité dans l'impasse ?* 1.4 Un univers merveilleusement paramétré.

154 « L'univers a engendré un homme capable de le comprendre. Nous avons le don de comprendre parce que l'univers n'est pas qu'une collection de matière inerte. Il est la manifestation d'un principe infiniment plus subtil et élégant. L'univers a un sens, et c'est l'homme qui, en le comprenant, lui confère ce sens. » Trinh Xuan Thuan, *Le chaos et l'harmonie. La fabrication du réel.* Op. cit. p. 551.

ambages que la science actuelle ne permet plus de douter de l'existence de Dieu.[156]

Selon Staune toujours, la révolution scientifique actuelle ouvre un nouveau champ de réflexion sur le « sens ». Ce que le matérialisme a échoué à fonder sur des arguments solides, prétendant que le seul hasard permet d'expliquer tous les phénomènes, « l'hypothèse selon laquelle notre Univers ferait partie d'un processus ayant un sens, voire un but est bien plus probable, lorsqu'on raisonne grâce à la philosophie des sciences, sans avoir recours à la religion. Quel extraordinaire et inattendu retournement de tendance ! »[157]

Ce rapprochement entre science et religion joue dans les deux sens. « Les savants commencent (aussi) à découvrir lentement que la théologie chré-

---

155 « ... Ainsi la science ne démontre nullement la nécessité d'un principe créateur, d'un Dieu, d'un Grand Architecte (appelez-le comme vous le voulez !). Mais elle peut amener à considérer la question de son existence sans qu'il soit nécessaire de recourir à quoi que ce soit de théologique ou de métaphysique, mais uniquement à des réflexions fondées sur nos connaissances scientifiques. C'est déjà un résultat d'une extrême importance. » Jean Staune *op. cit.* p. 167.

156 Selon ces deux auteurs, c'est là un fait nouveau et récent. « Pendant près de quatre siècles, de Copernic à Freud en passant par Galilée et Darwin, les découvertes scientifiques se sont accumulées de façon spectaculaire, donnant l'impression qu'il était possible d'expliquer l'Univers sans avoir besoin de recourir à un dieu créateur. Et c'est ainsi qu'au début du XXe siècle, le matérialisme triomphait intellectuellement ». Olivier Bonnassiès, Michel-Yves Bolloré, 2021, *Dieu La science Les preuves. L'aube d'une révolution.*

157 Jean Staune *op. cit.* p. 473.

tienne ne s'attache pas à conserver des conceptions dépassées du monde, mais peut devenir un partenaire sérieux dans le domaine de la cosmologie comme dans celui de la praxis sociale [...] C'est ensemble que la théologie et les sciences de la nature parviendront à la conscience écologique du monde ».[158]

Le péché originel

La Bible raconte[159] que le premier couple humain, qu'on pourrait considérer comme un prototype d'humanité, s'est trouvé devant une décision, une tentation première, qui a mis à l'épreuve sa liberté. Créés à l'image de Dieu, Adam et Ève étaient appelés à lui ressembler.[160] Dans le jardin mythique d'Éden, nous dit le récit de la *Genèse*, ils pouvaient savourer toutes sortes de fruits, sauf celui de l'arbre de la connaissance du Bien et du Mal. C'était l'interdit majeur, lié aux limites de leur intelligence humaine et dont ils comprenaient mal le sens. Mais ils se prirent à contester leur statut restreint et, jugeaient-ils, arbitraire, à revendiquer

---

158 Jürgen Moltmann, 2004, *Le rire de l'univers. Anthologie.*, éd. du Cerf p. 37. *Cf. Dieu dans la création* pp. 52-53.
159 « Dieu dit à l'homme: puisque tu as écouté la voix de ta femme, et que tu as mangé de l'arbre au sujet duquel je t'avais donné cet ordre : Tu n'en mangeras point ! le sol sera maudit à cause de toi. C'est à force de peine que tu en tireras ta nourriture tous les jours de ta vie ». *Genèse* 3:17.
160 Sainte Hildegarde de Bingen considérait que, en tant qu'image de Dieu, l'être humain est un résumé de la création tout entière (le miroir du cosmos), « qu'il la porte en lui de manière symbolique, selon l'expression 'le macrocosme dans le microcosme humain' ». Fabien Revol, 2021, *La fraternité avec toutes les créatures. Compte rendu d'un ouvrage collectif.*, chapitre 10 éd. Du Cerf.

leur libre arbitre et à considérer comme bon ce qui avait fait leur malheur. Le péché des origines, auquel le serpent a entraîné le premier couple humain, est un péché de convoitise, celui de se prendre pour un « dieu » comme dit Satan, et non de ressembler à Dieu. Celui de désirer acquérir tout pouvoir, de tout avoir. Et comme c'est tellement le cas aujourd'hui, celui de prétendre tout savoir, tout voir, si possible en direct, jusqu'à croire que ce qui est vu sur un poste de TV est vrai ! Celui d'aspirer à une condition divine imaginaire et à être un dieu projection de ses propres convoitises humaines, de ses fantasmes. Celui de soupçonner de perversité Dieu et les justes quand ils font preuve de bonté, de courage et de justice. Le serpent, plein de ruse et de rampante tromperie est venu pervertir leur regard. La femme et l'homme sont entrés dans son jeu et lui ont prêté crédit ; alors ils découvrent leur nudité et leur culpabilité.

Jean Delumeau, un historien pétri de foi et de culture, estime que la peur insondable du péché « a été formulée à une époque où l'on ignorait l'existence de l'inconscient. La découverte récente de celui-ci et des traumatismes de l'enfance a bouleversé le discours sur la culpabilité, sans toutefois remettre en cause ni passer par-dessus bord la réalité même du péché. Les notions de culpabilité et de repentir ont profondément influencé la culture occidentale du treizième au dix-huitième siècle. L'Église ne devrait plus insister sur cette culpabilité héréditaire que constitue la croyance au péché originel. Elle y gagnerait en crédibilité. [...]

Nous savons maintenant que l'humanité a entre trois et sept millions d'années et qu'elle a éprouvé les plus grandes difficultés à apprendre à se tenir debout, à faire du feu et à parler. L'humanité n'a pas commencé avec des êtres 'suprahumains', dotés de toutes sortes de privilèges, dans un jardin idéal : il faut donc renoncer à une lecture littérale de la *Genèse*. L'humanité a commencé dans la difficulté et elle continue. On ne peut pas imaginer que les premiers humains aient commis en toute liberté, en toute connaissance et en toute conscience, une faute de dimension formidable à partir de laquelle Dieu aurait condamné toute l'humanité qu'il venait de créer. D'ailleurs, il y a eu un rejet formel de cette culpabilité héréditaire par Jésus, qui n'a jamais parlé de péché originel, et par l'Ancien Testament, comme en témoigne le texte célèbre d'Ezéchiel : 'Le fils n'héritera pas des fautes du père et le père des fautes du fils.' La doctrine du péché originel n'a pas d'assise évangélique, elle est une allégorie de la faiblesse humaine ».[161] Le mal est de tous les âges et Satan use d'autres stratagèmes pour tromper les hommes, en leur faisant miroiter la promesse de la toute-puissance.

Se reconnaître simple créature était demandé à l'homme car, écrit Bacon, « on ne gagne d'empire sur la nature qu'en lui obéissant. Ce n'est pas la connaissance de la nature qui a provoqué la chute, mais la connaissance morale du bien et du mal représentée par le fruit de l'arbre interdit du jardin d'Éden ».[162]

En réalité, il lui fallait passer d'un état primitif à celui de la conscience, croître et s'adapter à son

---

161 Jean Delumeau, entretien avec Laurence Devillairs, Revue *Études*.
162 Francis Bacon, 1986, *Novum Organum.*, Paris PUF.

environnement ; il devait aussi développer une conscience morale, l'amenant à découvrir ses faiblesses et ses fautes. Seul le Christ, en les prenant sur lui, a pu faire sauter le carcan de son péché, c'est-à-dire lui ouvrir un chemin vers Dieu, restaurer l'unité perdue de l'humanité et lui offrir une nouvelle naissance.

Car l'immortalité offerte dans le Jardin d'Éden ne pouvait être que provisoire, compte tenu de la faiblesse humaine ; ce n'est qu'après le retour du Christ ressuscité qu'elle sera possible à qui aura su faire bon usage de sa liberté. En outre, à l'échelle cosmologique, l'avènement de l'humanité s'est opéré sur un espace limité à un petit monde habitable. Pour ces deux raisons, la mort était nécessaire. « Il faut donc aujourd'hui, en relisant la Bible, réinterpréter le dogme du péché originel. [...] En ce qui concerne la condamnation à mort ou la mort comme punition du péché, écrit encore Jean Delumeau, les scientifiques montrent que la mort est née avec la reproduction sexuée, qu'elle correspond à une nécessité naturelle et non à une faute héréditaire : les anciennes générations doivent nécessairement laisser place aux nouvelles ».

Il reste que l'humanité n'a pas suivi le bon chemin, elles s'est égarée dans cette propension naturelle à se dérober à toute autorité, se croyant infaillible et maîtresse de son destin. La vérité est que tous les problèmes à venir, que ce soit le changement climatique, la démographie galopante ou la poursuite effrénée du profit, sont essentiellement d'origine humaine ; ce sont les principaux facteurs de mise en danger de la vie sur la planète. « Nous souffrons et nous nous inquiétons en constatant que les tentatives modernes de collectivisation humaine n'aboutissent, contrairement aux prévisions de la théorie et à notre attente, qu'à un abaissement et à un esclavage des consciences » conclut Delumeau.

Au demeurant, une faute a eu lieu, avec une perte de confiance du Créateur vis-à-vis de sa créature, qui a sombré dans la volonté de puissance. Mais elle n'a rien à voir avec les premiers chapitres de la *Genèse*. « Il n'existe pas, conclut Delumeau, le moindre vestige à l'horizon, la moindre cicatrice indiquant les ruines d'un âge d'or ou notre amputation d'un monde meilleur ».

Rien n'est gagné d'avance et le Diable s'emploie à inspirer le mal. Ses succès ne sont que provisoires, mais ils placent les hommes devant un choix difficile. Teilhard y voit une alternative, un emploi judicieux de la liberté laissée à chacun d'agir selon sa volonté, ou le triomphe des forces de divergence et de désunion. « Mais quel chemin avons-nous pris jusqu'ici pour nous unifier ? Une situation matérielle à défendre. Un nouveau domaine industriel à ouvrir. Des conditions optimales pour une classe supérieure et une misère entretenue pour des nations défavorisées... Voilà les seuls et médiocres terrains sur lesquels nous ayons essayé de nous rapprocher. Seul l'amour, pour la bonne raison que seul il prend et joint les êtres par le fond d'eux-mêmes, est capable, - c'est là un fait d'expérience quotidienne - d'achever les êtres, en tant qu'êtres, en les réunissant ».[163]

---

[163] Pierre Teilhard de Chardin, *Le phénomène humain* p. 266.

Le paradis perdu puis retrouvé

L'Âge d'or est un thème récurrent depuis Ovide. Il a inspiré les grandes découvertes, la quête de l'Eldorado, et il est censé être situé en Irak. Il promettait aux hommes une jeunesse perpétuelle. « Les mères eussent engendré sans douleur, estime Calvin, car aucune honte n'aurait affecté l'acte d'amour ». Quand la faute a-t-elle eu lieu ? Un vendredi pensait-on, par similitude avec le jour du sacrifice du Nouvel Adam.

Puis vint le chef d'œuvre de John Milton[164] qui retrace l'origine de la déchéance humaine et le projet divin d'incarnation et de rédemption : le paradis perdu, puis retrouvé lors de la tentation au

---

164 « Dieu, siégeant sur son trône, voit Satan qui vole vers ce monde nouvellement créé. Il le montre à son fils, assis à sa droite. Il prédit le succès de Satan, qui pervertira l'espèce humaine. L'Éternel justifie sa justice et sa sagesse de toute imputation, ayant créé l'homme libre et capable de résister au tentateur. Cependant il déclare son dessein de faire grâce à l'homme, parce qu'il n'est pas tombé par sa propre méchanceté comme Satan, mais par la séduction de Satan. Le Fils de Dieu glorifie son Père pour la manifestation de sa grâce envers l'homme; mais Dieu déclare encore que cette grâce ne peut être accordée à l'homme si la justice divine ne reçoit satisfaction: l'homme a offensé la majesté de Dieu en aspirant à la divinité; et c'est pourquoi, dévoué à la mort avec toute sa postérité, il faut qu'il meure, à moins que quelqu'un ne soit trouvé capable de répondre pour son crime et de subir sa punition. Le Fils de Dieu s'offre volontairement pour la rançon de l'homme. Le Père l'accepte, ordonne l'incarnation, et prononce que le Fils soit exalté au-dessus de tous, dans le ciel et sur la terre. Il commande à tous les anges de l'adorer. Ils obéissent, et chantant en chœur sur leurs harpes, ils célèbrent le Fils et le Père... ». *Le Paradis perdu* (*Paradise Lost*) 1667 traduit par Chateaubriand en 1861, Livre III, Argument.

désert, qui inaugure la vie publique de Jésus. À cet instant, la terre recouvre sa vraie nature ; bien que périssable, elle redevient, dit le pape François, la « maison commune ».[165] Par sa résurrection, Jésus redonne vie au monde en lui conférant une nouvelle chance de s'épanouir avec Dieu.[166]

La Bible affirme, dès ses premières pages, que la création est destinée à l'homme pour qu'il devienne Image de Dieu, et que par une sage gestion de la nature, elle doit permettre de nourrir l'humanité.[167] L'homme n'a de place dans l'écosystème que s'il y joue un rôle non pas de conservateur, ni de pilleur ou d'exploiteur, mais de gestionnaire avisé des ressources terrestres. C'est donc à tort que certains interprètent ce rôle affirmé dans le livre de la Genèse comme un pouvoir de destruction ; dans le langage de l'époque, « dominer » vient de *Dominus*, le chef de famille dans une structure patriarcale ; on doit donc voir cette domination (« Dominez la terre et soumettez-la ») comme un devoir de préservation. Les Lumières vont balayer cette interprétation de la Bible, jugeant tout ce qui est religieux comme de l'obscurantisme. Or le Livre de la *Genèse* n'est pas, comme on a pu le croire, un

---

165 *Cf.* L'Encyclique *Laudato si'*. 2015.
166 « Jamais, auparavant, la dignité de l'homme – de tout homme – n'avait été affirmée avec une telle force, ni justifiée par une aussi puissante argumentation. C'est pourquoi l'actuelle mondialisation donne une nouvelle chance au christianisme ». Jean Delumeau, *L'avenir de Dieu op. cit.*
167 « L'homme peut et doit aimer ces choses que Dieu Lui-même a créées. Car c'est de Dieu qu'il les reçoit : il les voit comme jaillissant de sa main et les respecte. Pour elles, il remercie son divin bienfaiteur, il en use et il en jouit dans un esprit de pauvreté et de liberté ». Concile Vatican II.

procès verbal. « Nous savons aujourd'hui que les Évangiles furent une reconstruction didactique de l'enseignement de Jésus à partir de la certitude de la Résurrection ».[168] Il en va de même de *Genèse* au chapitre 3, dont les auteurs visaient un récit imagé de la création d'Adam et d'Ève.

Section 2. Les forces de convergence

La mort, sortie d'un monde inachevé

« Par la mort, la vie en sursis de l'homme est transformée en vie éternelle, et son existence qui est limitée devient une existence présente à tout. La mort libère l'esprit de ses limites temporelles et spatiales ».[169] « C'est pourquoi la 'mort en elle-même' fait partie de l'existence finie de l'homme, qui est limitée dans le temps, et elle est quelque chose de naturel ».[170] Notre mort signifiera, non pas tant une destruction de notre corps, que celle de notre passé. Ne soyons pas comme ceux qui n'ont pas d'espérance et sont abattus lorsque la mort vient les visiter : elle est le moment de la rencontre avec le Seigneur. Le livre de la Sagesse dit : « Dieu n'a pas fait la mort et il ne prend pas plaisir à la perte des vivants. Car il a créé tous les êtres pour qu'ils subsistent ». Nous ne pouvons pas imaginer ce que sera cette vie nouvelle. Nous vivrons pour toujours dans une relation d'amour parfait avec Dieu et entre nous, c'est-à-dire dans la communion de l'Esprit. L'immortalité n'est pas ce qui arrive après la mort, elle advient chaque fois que l'homme se

---
168 Jean Delumeau p. 240.
169 Jürgen Moltmann, *La venue de Dieu* p.103.
170 *Ibidem* p. 117.

dépasse pour aimer. C'est chaque jour que nous « immortalisons » notre vie. Chaque jour nous ressuscitons un peu plus. Voilà la nouvelle naissance à laquelle le Christ nous invite quand on atteint une maturité spirituelle. Maturité qui entraînera aussi notre corps, car les énergies de l'amour vont le transfigurer[171], comme celui du Christ, libéré des contraintes de notre univers, sans être pour autant désincarné. Dans la dialectique de la résurrection, l'âme n'a pas à se retirer du corps : au contraire elle se donnera un corps et deviendra chair. Notre mort ne sera pas un anéantissement, mais un mûrissement, un accomplissement, un passage vers notre véritable identité.[172]

Ce Dieu qui a fait naître un univers, qui a inventé notre planète par une suite proprement miraculeuse d'explosions, de chaos cosmique et d'accidents programmés, pour y rendre possible l'apparition de la vie, veut maintenant qu'y advienne le triomphe de l'amour. Et si nous le voulons, il nous appartient d'être les témoins passionnés de cette histoire d'amour, qui n'en est qu'aux préalables.

Lorsque nous sommes confrontés cruellement à la

---

[171] « Les morts revivront, leurs corps ressusciteront. Réveillez-vous, criez de joie, vous qui demeurez dans la poussière ». Isaïe, *Petite Apocalypse*, 24-25. Voir aussi la vision des ossements desséchés d'*Ézékiel* 37:1-10.

[172] « La résurrection, certes, présuppose la mort, mais non la destruction de l'identité des morts. Au contraire, Dieu doit pouvoir identifier les morts pour pouvoir les ressusciter, car ce n'est pas une autre vie qui vient prendre leur place, mais c'est leur vie qui est ressuscitée. [...] Cette 'garde' de l'identité de la personne inclut aussi les marques de la sexualité de la personne : le fait d'être homme ou femme ». Jean Delumeau, *L'avenir de Dieu op. cit.*

mort, la seule leçon qu'elle nous apprend, c'est l'urgence d'aimer. Paul rappelle que le Christ ressuscité est vainqueur de toutes les puissances du mal et de la mort. Il veut nous associer tous à sa victoire. Il marche à la tête de cette immense foule qui monte vers Dieu. Il fera entrer dans son Royaume tous ceux et celles qui l'auront suivi, puis les autres lorsqu'ils auront reconnu leur erreur. Le monde sera arraché à la mort. Voilà cette bonne nouvelle qui doit raviver notre espérance. L'Évangile ouvre une perspective grandiose quand Jésus annonce que « le Fils de l'homme reviendra dans la gloire ». Tous les anges seront avec lui ; il siégera sur son trône de gloire. Toutes les nations seront rassemblées devant lui ; elles vont se mélanger pour former un nouveau peuple selon le cœur de Dieu.[173]

La résurrection, l'au-delà, c'est Dieu intime à nous-mêmes qui nous libère du moi préfabriqué. Rencontrer le Dieu vivant, c'est devenir un homme, une femme, une personne, sortir de son moi infantile, biologique, égocentrique et mortel. Qui naît à l'amour devient immortel puisque l'amour est l'être même de Dieu. Et cet amour est notre avenir. C'est lui qui personnalise et divinise l'homme, qui n'est plus terrorisé par la mort biologique, à l'instar de François d'Assise bénissant « sœur la mort ». Elle n'est qu'un « passage » de notre liberté d'aimer à un autre niveau, d'une ampleur nouvelle.

---

[173] « Personne n'a ou ne reçoit la vie éternelle pour lui tout seul, sans la communauté avec d'autres hommes et sans la communauté avec la création tout entière ». Delumeau *op. cit.* p. 166.

Ce qui se passera après ma mort[174] ne m'intéresse pas beaucoup. Ce qui m'importe, c'est l'extraordinaire densité que la résurrection donne aujourd'hui à ma vie. La vie éternelle, je ne sais pas à quoi elle ressemblera. Ce que je sais, c'est que je suis appelé à vivre dès maintenant quelque chose de l'éternité, quelque chose qui ne peut pas mourir. Et seul l'amour est éternel.

Le phénomène chrétien

Au sein des religions monothéistes, un ensemble de confessions se distingue des autres par la foi en un Dieu Personnel, la plupart des autres se référant à un absolu abstrait et sans vis-à-vis. Pour Teilhard, encore optimiste durant les années '50, les confessions chrétiennes ont un brillant avenir devant elles : « Pour la presque totalité des religions anciennes, le renouvellement des vues cosmiques caractérisant l'"esprit moderne" a été une crise dont, si elles ne sont pas encore mortes, on peut prévoir qu'elles ne se relèveront pas. Étroitement liées à des mythes insoutenables, ou engagées dans une mystique de fatalisme et de passivité, il leur est impossible de s'ajuster aux immensités précises, ni aux exigences constructives de l'espace-temps. Elles ne répondent plus aux conditions ni de notre science, ni de notre action. Or, sous le choc qui fait rapidement disparaître ses rivales, le christianisme, qu'on aurait pu croire d'abord, lui aussi, ébranlé,

---

[174] Les « EMI », expériences de mort imminente, vécues de façon identique par des millions de personnes, tendent à prouver l'existence d'une âme immortelle correspondant à une énergie indépendante du corps. Elles ne constituent pas une preuve de l'existence de Dieu, mais elles donnent à penser qu'une plénitude attend les défunts.

donne tous les signes au contraire de rebondir en avant. Car, du fait même des nouvelles dimensions prises à nos yeux par l'Univers, il se découvre à la fois comme plus vigoureux en soi, et comme plus nécessaire au Monde, qu'il ne l'a jamais été ».[175]

Le christianisme a façonné la vie et les traditions du bassin méditerranéen. Comme édifice social, il s'est compromis avec les pouvoirs politiques et économiques, au point de devenir la manière de penser des sociétés modernes, qu'elles soient chrétiennes ou non chrétiennes. Alors qu'il n'est en lui-même qu'une forme de pensée basée sur des témoignages écrits, il se dit universel. Panikkar va jusqu'à le décrire comme « (mono)théiste, anthropocentrique et acritique ».[176] Seul compte l'homme, face à son Dieu et à son salut. Mythe parmi les autres, depuis plus de deux mille ans, jusqu'à la laïcisation de la société, il a propagé un message de paix et d'unité. Toutes les confessions chrétiennes s'accordent sur le fait que l'humanité est entrée dans un nouvel âge ; le Christ est venu réconcilier la création et payer de son sang le prix d'une reconquête, qui ne laisse au Mal qu'un court délai avant d'être vaincu. Il a détruit la mort en se laissant crucifier comme un criminel, occupant désormais le « sommet du monde ».[177]

---

[175] Pierre Teilhard de Chardin, *Le phénomène humain* p. 298.
[176] Raimon Panikkar, *in* Valverde Campos *op. cit.* p. 406.
[177] « Amour crucifié au soleil du Mal, amour écartelé car aimer, c'est avoir mal. Au sommet du monde ». *Votre monde* Seigneur, Oratorio d'Émile Gardaz et Pierre Kaelin, présenté à Fribourg en 1964.

La valeur du mal et de la souffrance

En lisant Teilhard, on découvre un autre sens de la souffrance. « Si vraiment tout concourt, en nous et autour de nous, à une grande union par amour, le Monde devrait, semble-t-il, baigner dans la joie. Comment se fait-il qu'il avance au contraire dans la douleur ? Pourquoi les larmes et le sang ? Comment la souffrance peut-elle s'introduire dans un Univers Personnel ? [...] Ma réponse à cette question, la plus angoissante qui soit pour l'esprit humain, sera la suivante : non seulement, dans l'Univers que j'ai considéré, le Problème du Mal ne fait pas de difficulté spéciale ; mais encore il trouve sa solution théorique la plus satisfaisante, et même une ébauche de solution pratique. Un monde en voie de concentration consciente devrait uniquement jouir, pensez-vous. Tout au contraire, dirai-je. Un tel Monde est justement celui qui doit le plus naturellement et le plus nécessairement souffrir. Rien de plus béatifiant que l'union atteinte ; mais rien de plus laborieux que la poursuite de l'union. Pour trois raisons au moins une évolution « personalisante » est forcément douloureuse : elle est à base de pluralité ; elle progresse par différenciation ; elle conduit à des métamorphoses. [...] Lorsque le chrétien souffre, il dit 'Dieu m'a touché', cette parole est excellemment vraie mais elle résume, en sa simplicité, une série complexe d'opérations au terme desquelles seulement elle a le droit d'être prononcée. Si nous cherchons à séparer, dans l'histoire de nos rencontres avec le Mal, ce que les scolastiques appellent des 'instants de nature', il nous faut dire, tout au contraire, pour commencer : Dieu désire me libérer de cet amoindrissement, Dieu veut que je l'aide à éloigner de moi ce calice. Lutter contre le Mal, réduire au minimum le Mal (même simplement physique) qui nous menace, tel est indubitablement le premier geste de Notre Père qui est aux cieux ; sous une autre forme, il nous serait impossible de le concevoir, et encore moins de l'aimer ».

Le Christ en tête de l'Évolution

L'enveloppe du divin, c'est ce que représente le christianisme, une réalité supérieure aux Églises fût-elle la foi catholique, la plus fidèle aux évangiles. J'ajouterai ici une image personnelle : à la parousie, il sera dilué dans le retour glorieux du Christ ; il aura servi de « lanceur », tel une fusée porteuse dont la tâche s'achèvera à l'instant où toutes les croyances auront atteint le niveau d'une spiritualité commune. Et il se produira, au-delà de cette fusion, une ouverture sur l'infini.

« Quant à ce jour et cette heure, nul ne les connaît, pas même les anges des cieux, pas même le Fils, mais seulement le Père, et lui seul ».[178] Car la « fin du monde » n'est pas la conséquence des écarts de conduite des hommes, mais elle est le couronnement du dessein de Dieu. « Toutes ces images apocalyptiques ne sont pas une description anticipée des événements de la fin des temps. Le but visé par l'évangéliste Matthieu est différent. Il signifie, en premier lieu, que notre monde terrestre aura une fin et, surtout, que l'achèvement ultime de ce monde ne sera pas simplement le résultat des progrès de l'homme, mais l'intervention de Dieu qui, seul, peut donner à notre monde son véritable

---

178 *Matthieu* 24:36.

accomplissement ».[179]

Le monde sauvé par la Croix

Symbole de victoire sur les forces négatives, cet objet évocateur dont nous avons l'habitude est devenu le signe des chrétiens. Nous la retrouvons dans nos maisons mais aussi aux carrefours de nos chemins ou sur la tombe de nos défunts. Et surtout, elle est en bonne place dans nos églises. Avec le dessin du poisson, elle fait partie des signes que nous ont légués les chrétiens des générations passées. Pour certaines personnes, la croix est devenue un bijou de grande valeur. Cette croix c'est aussi celle qui marque douloureusement la vie d'un chrétien sur sept en Irak, en Syrie, au Nigéria et dans bien d'autres pays.[180] Ils préfèrent mourir plutôt que d'adhérer à une idéologie ou à une religion qui n'est pas la loi d'amour de Jésus-Christ. Pensons aussi à tous ceux qui sont tournés en dérision dans leur école, leur lieu de travail, à cause de leur foi.

La Croix rappelle tout ce que l'homme est capable de faire à l'homme ; inlassablement, l'actualité déverse son lot de misère et de détresse, au rythme des flashs d'information. La haine, la guerre, les attentats odieux, la folie destructrice, l'oppression des pauvres et des petits abîment l'homme. En tous points de la terre, il est méprisé, mutilé, bafoué comme Image de Dieu. C'est chaque fois une Croix de trop et elles ne manquent ni à l'est, ni à l'ouest, ni au nord, ni au sud. Les siècles peuvent passer, la Croix demeurera toujours un signe de souffrance,

---

179 Michel Hubaut, 2016, *L'alliance est accomplie, commentaire de l'évangile selon saint Matthieu.*, p. 323.
180 https://www.portesouvertes.fr/persecution-des-chretiens

de torture, de peur, d'injustice, d'humiliation. Vue de l'extérieur, elle n'est qu'un instrument de haine, de cruauté et de mort. Or la foi nous invite à passer de ce premier regard à un autre, plus intérieur. Parce que sur la Croix, il y a le corps de Jésus élevé à la vue de tous. Le regarder de l'extérieur, c'est voir la faute, la honte du genre humain, c'est voir un corps humilié, quelqu'un dont on préfère se détourner à cause de l'horreur et de la peur que nous inspire sa souffrance. Mais la véritable Croix, celle du signe de croix, celle que nous dessinons chaque fois que nous ouvrons les bras, est aussi et d'abord la Croix de l'amour. L'homme crucifié étend les mains pour embrasser, pour aimer. Jésus immolé est celui sur qui se concentrent les refus de l'humanité, ses violences et ses fureurs.

La réalité d'un Dieu qui se dépouille pour prendre la condition de serviteur, c'est difficile à admettre. On pense que c'est trop étonnant pour être vrai. Comment peut-on admettre un tel excès d'amour ? À travers son message dans l'épître aux Corinthiens, Paul nous invite à fixer notre regard sur la Croix glorieuse, jusqu'au moment où s'impose cet amour sans mesure. Saint Jean cite le prophète Zacharie : « Ils regarderont vers celui qu'ils ont transpercé ». Cette Croix, qui est d'abord à nos yeux un instrument de supplice et de douleur, apparaît comme le signe de l'amour bouleversant de Dieu, qui « a tant aimé le monde ». Elle est la signature de son amour fou, un amour qui transforme l'infamie en victoire sur le mal. Et la souffrance en valeur de rachat.

Un monde en attente

Teilhard a fait de la convergence des consciences un thème central de sa pensée : l'évolution humaine va aboutir au fameux « point Oméga »[181]. Rappelons ses formules-clés, qui anticipent une montée de l'humain selon « l'esprit de la terre » : « Historiquement, l'attente n'a jamais cessé de guider, comme un flambeau, les progrès de notre Foi. Les Israélites ont été de perpétuels 'expectants'; et les premiers chrétiens également. Car Noël, qui aurait dû inverser nos regards et les concentrer sur le passé, n'a fait que les reporter plus loin encore en avant. Un instant apparu parmi nous, le Messie ne s'est laissé voir et toucher que pour se perdre, une fois encore, plus lumineux et plus ineffable, dans les profondeurs de l'avenir. Il est venu. Mais maintenant, nous devons l'attendre encore et de nouveau, non plus un petit groupe choisi seulement, mais tous les hommes – plus que jamais. [...] Comment se fait-il que, regardant autour de moi, et tout grisé encore de ce qui m'est apparu, je me trouve quasiment seul de mon espèce ? Seul à avoir vu ? Incapable, lorsqu'on me le demande, de citer un seul auteur, un seul écrit, où se reconnaisse, clairement exprimée, la merveilleuse 'Diaphanie' qui, pour mon regard, a tout transfiguré ? »[182]

On peut en effet s'interroger sur l'indifférence massive à laquelle l'annonce de l'Évangile se heurte dans les pays « démocratiques et développés ». Dans une société où la religion est reléguée dans la

---

[181] Voir la Figure 3. La montée vers Ôméga.
[182] Pierre Teilhard de Chardin, 1934, *Comment je crois*. p. 148.

sphère privée et où la quête d'un sens spirituel n'est qu'une option, de nombreux chrétiens hésitent encore à annoncer au grand jour leur foi et à proclamer sur les toits ce qu'ils croient au plus profond d'eux-mêmes. Tous sont invités à faire le choix de Dieu et de la vie dès maintenant.

« Les ennuis rendent intelligent » dit la sagesse populaire ; les illusions s'évanouiront, lorsque les problèmes écologiques, énergétiques, financiers, démographiques seront à leur paroxysme. Dans le vocabulaire teilhardien, au terme de l'évolution, la convergence des consciences se produira par « coalescence des rameaux », qui ne pourront plus diverger mais seront irrésistiblement attirés les uns vers les autres, créant les conditions d'une gouvernance mondiale réunissant tous les groupes raciaux, ethniques, civilisations et corps politiques.

Après l'exploration du passé et du présent, il reste à chercher dans les Écritures ce qui est révélé du futur. Que disent-elles de ce que l'écologie humaine appelle le « grand effondrement » ? Ce dernier est-il compatible avec ce que le livre de l'*Apocalypse* nomme la Grande Tribulation ? Il existe plusieurs niveaux de prophéties. La plus ancienne, celle de Daniel, annonce la venue du Messie. Celle d'Isaïe se concentre sur la fin des temps. L'*Apocalypse* décrit le combat entre les forces du bien et du mal, conclu par la victoire de l'Agneau. Saint Paul livre sa vision sur la gloire à venir ; sa plus belle expression est sans doute la phrase : « Nous avons été sauvés, mais c'est en espérance ». « J'estime, dit-il, qu'il n'y a pas de commune mesure entre les souffrances du temps présent et la gloire qui va être révélée pour nous. En effet, la création attend avec impatience la révélation des fils de Dieu. Car la création a été soumise au pouvoir du néant, non pas de son plein gré, mais à cause de celui qui l'a livrée à ce pouvoir. Pourtant, elle a gardé l'espérance d'être, elle aussi, libérée de l'esclavage de la dégradation, pour connaître la liberté de la gloire donnée aux enfants de Dieu. Nous le savons bien, la création tout entière gémit, elle passe par les douleurs d'un enfantement qui dure encore. Et elle n'est pas seule. Nous aussi, en nous-mêmes, nous gémissons ; nous avons commencé à recevoir l'Esprit Saint, mais nous attendons notre adoption et la rédemption de notre corps. Car nous avons été sauvés, mais c'est en espérance ; voir ce qu'on espère, ce n'est plus espérer : ce que l'on voit, comment peut-on l'espérer encore ? Mais nous, qui espérons ce que nous ne voyons pas, nous l'attendons avec persévérance. Bien plus, l'Esprit Saint vient au secours de notre faiblesse, car nous ne savons pas prier comme il faut. L'Esprit lui-même intercède pour nous par des gémissements inexprimables. Et Dieu, qui scrute les cœurs, connaît les intentions de l'Esprit puisque c'est selon Dieu que l'Esprit intercède pour les fidèles. »[183]

---

183 *Romains* 8:18-27.

Troisième partie

Visions du futur

Je regardai pendant mes visions nocturnes, et voici, sur les nuées des cieux arriva quelqu'un de semblable à un fils d'homme; il s'avança vers l'ancien des jours, et on le fit approcher de lui. *Daniel* 7:13.

Alors je vis une nuée blanche sur laquelle siégeait quelqu'un qui ressemblait à un fils d'homme. *Apocalypse* 14:14.

Chapitre 1

L'Apocalypse selon Daniel

L'épine dorsale de la prophétie... le panorama de l'Histoire... la plus grande prophétie de tous les temps... le plus grand chapitre de la Bible... Telles sont les expressions utilisées par des commentateurs biblistes pour souligner l'importance de Daniel.

Section 1. Contexte et polémiques

Du nom en hébreu « Dieu est mon juge », le prophète Daniel, à la fois sage et visionnaire né vers 630 avant J.-C. et décédé à l'âge de 91 ans, est le premier à évoquer la résurrection : « Et beaucoup de ceux qui dorment dans la poussière de la terre se réveilleront, les uns pour la vie éternelle et les autres pour la honte, pour être un objet d'horreur éternelle ».[184]

Le livre décrit des événements se déroulant pendant la captivité du peuple juif à Babylone sous Nabuchodonosor II, roi entre 605 et 562 avant J.-C. Il a sans doute inspiré les Sept Martyrs d'Israël, qui furent torturés à mort sous Antiochos Épiphane en 165 en proclamant leur croyance en la résurrection[185]. Il a prédit l'avènement du Christ et est considéré comme le quatrième des grands prophètes. Écrit sur des peaux de bouc cousues bout à bout, réécrit sans doute par plusieurs auteurs tardifs, le *Livre de Daniel* compte six premiers chapitres du genre autobiographique, racontant à la troisième personne des aventures arrivées au prophète.[186] Ces récits le présentent comme un savant

---

184 *Daniel* 12:2.

185 *Second Livre des Maccabées* (Martyrs d'Israël).

186 Dont l'épisode de la fosse aux lions. Un jour il plut à Darius d'établir sur son royaume cent-vingt satrapes sous la présidence de trois chefs – dont Daniel – auxquels les satrapes auraient à rendre compte. Comme le roi s'apprêtait à faire de Daniel son bras droit, chefs et satrapes voulurent le rendre coupable de culte rendu à son propre Dieu ; ils lui suggérèrent un édit contraignant le peuple à n'adresser de prière qu'à lui seul. Mais Daniel pria de plus belle son Dieu, ce qui fut rapporté à Darius. Désireux d'épargner son meilleur conseiller, mais contraint

interprète de songes, capable de conseiller les rois babyloniens et surpassant en sagesse les magiciens chaldéens.

Enchâssés entre les six premiers chapitres et les chapitres 13-14[187], les chapitres 7 à 12 sont rédigés à la première personne et révèlent les visions du prophète. Ces visions ont comme caractéristique commune d'interpréter l'histoire à venir, couronnées à leur terme par une annonce de la fin des temps. Leur révélation se présente comme une sagesse venue d'en haut et donnée aux croyants. Les quatre visions de ces six chapitres sont des exemples types, bien qu'antérieurs, des écrits apocalyptiques, un genre littéraire juif et chrétien[188] qui a franchi le tournant du millénaire et s'est achevé avec Jean de Patmos vers l'an 100. Cette partie souligne la dépendance de Daniel à des créatures spirituelles, des

---

    d'appliquer une loi immuable, celui-ci dut le faire jeter dans la fosse aux lions. Après une nuit de jeûne et d'insomnie, il se rendit à la fosse dont il avait scellé l'entrée, et trouva Daniel indemne car, dit ce dernier, « Mon Dieu a envoyé son ange, il a fermé la gueule des lions et ils ne m'ont pas fait de mal, parce que j'ai été trouvé innocent devant lui ». Le même châtiment tomba alors sur les intrigants et leurs familles.

187 Ces deux chapitres (« deutérocanoniques ») ont été reconnus plus tardivement comme faisant partie intégrante de l'Ancien Testament.

188 « C'est principalement à partir du troisième siècle, à la suite des conquêtes d'Alexandre (vers 330-323 avant J.-C.) que va proliférer la littérature apocalyptique en Judée, comme en Égypte, Syrie et Babylonie, en partie par réaction contre l'hégémonie grecque ». Joseph Moingt, 2014, *Croire au Dieu qui vient. De la croyance à la foi critique.*, p.169.

anges, pour interpréter et expliquer ses visions.[189]

Les événements rapportés dans les chapitres 1 à 6 et 13 à 14 se déroulent lors de la captivité du peuple juif entre 605 et 562 avant J.-C. Cette datation « officielle » a été contestée par le chanoine Émile Osty, sur la base d'arguments solides. D'une part, le canon juif des Écritures situe Daniel dans la plus récente des trois catégories de textes qui sont la Loi, les Prophètes et les Écrits tardifs, ce qui décrédibiliserait ses prophéties sur des événements antérieurs. Ensuite le langage qu'utilise Daniel, le perse et le grec, sont récents. S'y ajoute le fait que l'auteur confond les noms de rois du sixième siècle, alors qu'il est très à l'aise avec ceux du deuxième siècle. Le plus raisonnable est d'admettre que le rouleau rédigé par Daniel, bien qu'imprécis quant aux faits politiques, est bel et bien de sa main et n'a été descellé que plus tard, soit vers 164 av. J.-C. Il aurait donc été dissimulé pendant quatre siècles.

Pour ma part, j'estime secondaires ces problèmes de datation par rapport aux visions de Daniel, qui sont intemporelles et furent sans aucun doute fidèlement rapportées par les interprètes postérieurs.[190]

---

189 *Cf.* Charles Hüssy, 2021, *Une Nouvelle Alliance. Nourrir une espérance pour l'après-effondrement.* 3.7 Daniel ou le calendrier de Dieu.

190 Thierry Murcia pense pouvoir réfuter l'authenticité du livre de Daniel. Ainsi, écrit-il, « les 'prédictions' qu'il propose sont toujours d'une précision extraordinaire jusque vers la fin du livre où elles ne correspondent alors soudain plus du tout à la réalité historique ». D'autre part, « le manuscrit est toujours 'découvert' de façon 'providentielle' en période de crise. Il se présente comme étant *la* 'réponse' aux difficultés présentes » Et de conclure : « « La finalité

Section 2. Les visions

Les quatre empires

Le chapitre sept quitte le style autobiographique : de biographe et narrateur, Daniel devient visionnaire et s'exprime à la première personne. Ses visions commencent par l'apparition de quatre bêtes représentant l'empire babylonien, son conquérant Cyrus le Perse[191], qui s'apprête à conquérir la Grèce, l'Égypte et l'Inde, enfin Alexandre le Grand et ses conquêtes à venir.

Aux versets 7:13-14 apparaît une première vision, qui annonce la venue du Messie :

Je regardais, au cours des visions de la nuit, et je vis venir, avec les nuées du ciel, comme un Fils

---

du document ne fait pas mystère : il s'agit pour l'auteur de soutenir ses frères dans l'épreuve et de les encourager à ne pas abandonner la Loi de Moïse. Si la fin justifie les moyens, ces événements, même prédits après coup, avaient bien pour la communauté à laquelle il appartenait la signification que ses membres leur attribuaient. Ce que ces hommes voyaient au-delà des noms, des symboles et des nombres, c'était la délivrance imminente d'Israël et la venue du Royaume de Dieu. Pour le chrétien qui lit ces textes, la portée prophétique du rouleau se situe à un autre niveau. Daniel n'avait-il pas en effet annoncé, et de façon très claire, la venue d'un 'Fils de l'Homme', appellation singulière sous laquelle Jésus s'est lui-même souvent présenté ? Sans doute est-ce là pour le croyant un motif suffisant pour continuer à accorder à ce rouleau un intérêt tout particulier... » Article de Thierry Murcia : *La fin du monde est-elle pour demain ? L'Apocalypse selon Daniel.*, pp. 56-58.

191 Sous la direction de Cyrus le Grand, la Perse formait le premier véritable empire du monde. Avec l'Iran pour centre, il s'étendait de l'Europe à l'Inde en passant par l'Égypte.

d'homme ; il parvint jusqu'au Vieillard, et on le fit avancer devant lui. Et il lui fut donné domination, gloire et royauté ; tous les peuples, toutes les nations et les gens de toutes langues le servirent. Sa domination est une domination éternelle, qui ne passera pas, et sa royauté, une royauté qui ne sera pas détruite.

Aux versets 8:15-19 surviennent l'annonce de la fin des temps et le thème de la « colère » cher à Jean de Patmos :

Tandis que moi, Daniel, je regardais la vision en cherchant à comprendre, voici que se tenait en face de moi quelqu'un ayant l'apparence d'un homme. Et j'entendis la voix de l'homme entre les rives de l'Oulaï. Il s'avança vers le lieu où je me tenais. À son approche, je fus effrayé et je tombai face contre terre. Il me dit : « Fils d'homme, comprends ! La vision concerne le temps de la fin ». Il dit : « Je vais te faire savoir ce qui arrivera au terme de la colère, car la fin est pour le moment fixé ».

Le bélier et le bouc

Dans cette nouvelle vision apparaît un bélier qui incarne l'empire médo-perse ; Alexandre prend la forme d'un bouc à une corne, symbole de pouvoir et d'arrogance. La corne du bouc grandit, ceux du Peuple de Dieu qui ont conservé l'Alliance sont vaincus, le Temple et la Loi bafoués. Ils adressent à Dieu la même complainte que les martyrs dans l'*Apocalypse* : « Jusques à quand durera cette vision du sacrifice perpétuel, de la perversité dévastatrice, du sanctuaire livré et de l'Armée foulée aux pieds ? » Il me dit : « Jusqu'à deux mille trois cents soirs et matins ; puis le Sanctuaire sera rétabli dans ses droits ». Cette réhabilitation sera l'œuvre de Cyrus.[192]

Les soixante-dix « semaines »

Sache donc et comprends : depuis le surgissement d'une parole en vue de la reconstruction de Jérusalem, jusqu'à un messie-chef[193], il y aura sept septénaires. Pendant soixante-deux septénaires, places et fossés seront rebâtis, mais dans la détresse des temps. Et après soixante-deux septénaires, un oint sera retranché.

Il s'agit, selon les experts presque unanimes, de « semaines d'année »[194] soit des périodes de sept ans. En sommant ces données, septante semaines d'années ou 490 ans, on aboutit à l'an 39 de notre ère, date présumée de la mort du Christ. C'est confirmé par la prophétie en 9:21-25.

Je parlais encore dans ma prière quand Gabriel – l'être que j'avais vu au commencement de la vision s'approcha de moi d'un vol rapide à l'heure de l'offrande du soir. Il m'instruisit, me parlant

---
192 Le temple avait été entièrement détruit par le roi babylonien Nabuchodonosor II en -587 lorsqu'il s'empara de Jérusalem. Cyrus le Perse renvoya les Hébreux dans leur patrie. La construction du Second Temple commença après la captivité des Juifs à Babylone. Elle a été terminée en -417 sous Darius II.
193 Libérateur désigné et envoyé par Dieu.
194 Depuis l'Antiquité, dans de nombreuses civilisations et traditions, la symbolique des nombre considère le nombre sept comme hautement significatif dans de nombreux domaines. Par exemple, il y a sept jours de la semaine, sept planètes majeures, sept notes de musique, sept couleurs du spectre de lumière, sept merveilles du monde, etc. Dans la loi de Moïse, il y avait un cycle de sept années.

en ces termes : « *Daniel, je suis sorti maintenant pour ouvrir ton intelligence. Dès le début de ta supplication, une parole a surgi, et je suis venu te l'annoncer, car toi, tu es aimé de Dieu. Comprends la parole et cherche à comprendre l'apparition. Soixante-dix semaines ont été fixées à ton peuple et à ta ville sainte, pour faire cesser la perversité et mettre un terme au péché, pour expier la faute et amener la justice éternelle, pour accomplir visions et prophéties, et consacrer le Saint des Saints. Sache et comprends ! Depuis l'instant où fut donné l'ordre de rebâtir Jérusalem jusqu'à l'avènement d'un messie, un chef, il y aura sept semaines. Pendant soixante-deux semaines, on rebâtira les places et les remparts, mais ce sera dans la détresse des temps. Et après les soixante-deux semaines, un messie sera supprimé.*

La découverte de parchemins du premier siècle avant notre ère retrouvés à Qumrân montre que la communauté qui vivait là-bas se préoccupait beaucoup des signes des temps et qu'ils s'appuyaient aussi sur la prophétie des « 70 septénaires ». Ils avaient calculé que les temps du Messie devaient commencer en 26 avant Jésus-Christ et c'est à cause de cette attente qu'ils se retiraient au désert. Il y avait donc une « petite erreur » de vingt ans dans leur calcul, mais comme le dit Hugh Schonfield, « nous voyons bien aujourd'hui à quel point – presque à la lettre – Jésus pouvait proclamer en inaugurant sa mission : 'Les temps sont accomplis et le royaume de Dieu est proche' ».

En réalité, si Daniel a raison et si le Messie est venu avant la destruction du second Temple, cela signifie que les rabbins se sont trompés pendant deux mille ans ! Car si le Messie est venu avant l'an septante de l'ère chrétienne, « cela signifie qu'il faut reconnaître que le Messie est d'ores et déjà venu. Et s'il est déjà venu, cela ne nous laisse pas beaucoup de marge pour se 'défiler' d'une situation qui, peut être, pour certains, est assez inconfortable ».[195]

L'apparition du Messie

Comparable à l'*Apocalypse* de Jean, une vision de Daniel lui dévoile la personne du Christ.

Voici : il y avait un homme vêtu de lin, qui portait une ceinture d'or pur autour des reins ; son corps était comme de la chrysolithe[196], son visage comme un éclair, ses yeux comme des torches de feu, ses bras et ses jambes avaient l'éclat du bronze poli, et le son de ses paroles était comme la rumeur d'une multitude.

Moi seul, Daniel, je vis cette apparition. Les hommes qui étaient avec moi ne voyaient pas l'apparition, mais une grande terreur s'abattit sur eux, et ils s'enfuirent pour se cacher. Je demeurai donc seul et regardai cette apparition impressionnante. J'étais sans force aucune, mes

---

195 « Au lieu d'accuser le Christ de blasphème quand, lors de son arrestation, il affirma sa divinité, les Juifs auraient mieux fait de se pencher sur la prophétie de Daniel 9. Selon le calcul des semaines d'années, ils auraient pu apprendre que, précisément durant la fête de la Pâque qu'ils s'apprêtaient à célébrer, le Messie devait être « retranché ». Cependant, étant déjà tombés sous le jugement d'aveuglement, ils ne pouvaient in extremis reconnaître le Fils de Dieu ». *Bible ouverte.*

196 De *chrusos*, or et *lithos*, roche. De l'or pur.

traits bouleversés se décomposèrent, ma force m'abandonna. J'entendis le bruit de ses paroles, et lorsque je l'entendis, je fus pris de torpeur et tombai face contre terre.

Alors une main me toucha et me redressa sur les genoux et les paumes de mes mains. Il me dit : « Daniel, homme aimé de Dieu, comprends les paroles que je vais te dire, mets-toi debout. Oui, maintenant j'ai été envoyé vers toi ».

Tandis qu'il me parlait, je me mis debout en tremblant. Il me dit : « N'aie pas peur, Daniel. Dès le premier jour où tu as eu à cœur de comprendre et de t'humilier devant ton Dieu, tes paroles ont été entendues : c'est à cause de tes paroles que je suis venu. [...] Je suis venu pour t'expliquer ce qui arrivera à ton peuple à la fin des jours. Voici une nouvelle vision pour ces jours-là ». 10:4-12.

Et voici que comme une forme de fils d'homme me toucha les lèvres. J'ouvris la bouche et parlai. Je dis à celui qui était devant moi : « Mon Seigneur, à cause de l'apparition, l'angoisse me submerge et ma force m'abandonne ». Il me dit : N'aie pas peur, homme aimé de Dieu ! La paix soit avec toi ! Sois très fort ! » 10:16-19.

Le chapitre 11 interrompt les visions et prédit les relations conflictuelles entre un roi du nord et un roi du sud. Elles reprennent au chapitre 12, qui se clôt par l'annonce de la résurrection des morts.

« En ce temps-là se lèvera Michel, le chef des anges, celui qui se tient auprès des fils de ton peuple. Car ce sera un temps de détresse comme il n'y en a jamais eu depuis que les nations *existent, jusqu'à ce temps-ci. Mais en ce temps-ci, ton peuple sera délivré, tous ceux qui se trouveront inscrits dans le Livre. Beaucoup de gens qui dormaient dans la poussière de la terre s'éveilleront, les uns pour la vie éternelle, les autres pour la honte et la déchéance éternelles. Ceux qui ont l'intelligence resplendiront comme la splendeur du firmament, et ceux qui sont des maîtres de justice pour la multitude brilleront comme les étoiles pour toujours et à jamais. Et toi, Daniel, tiens secrètes ces paroles, garde le Livre scellé jusqu'au temps de la fin. Beaucoup seront perplexes, mais la connaissance augmentera ».*

Et moi, Daniel, je regardai : Voici que deux autres hommes se tenaient, chacun sur une rive du fleuve. L'un d'eux dit à celui qui, vêtu de lin, se tenait au-dessus des eaux du fleuve : « À quand la fin de ces choses surprenantes ? »

J'entendis l'homme vêtu de lin qui se tenait au-dessus des eaux du fleuve. Il leva la main droite et la main gauche vers le ciel et jura par Celui qui vit à jamais : « Pendant un temps, des temps, et la moitié d'un temps. Lorsque la force du peuple saint sera entièrement brisée, tout cela s'arrêtera ». Et moi, j'entendis sans comprendre. J'insistai : « Mon Seigneur, quel sera le terme de tout cela ? » Il dit : « Va, Daniel, car ces paroles resteront secrètes et scellées jusqu'au temps de la fin ». 12:1-9.

Section 3. Récits postérieurs

Suzanne et les vieillards

Au chapitre 13 apparaît une femme d'une grande beauté, élevée selon la loi de Moïse. Elle se promène et suscite chez deux vieillards proches du palais, désignés comme juges, l'envie de la posséder. Un jour, ils la voient se baigner, ayant renvoyé ses servantes ; profitant de la voir vulnérable, ils tentent de la contraindre de se donner à eux et devant son refus, l'accusent d'adultère. Condamnée à mort elle implore le ciel, qui suscite Daniel pour la défendre. Celui-ci interroge séparément les juges, en leur demandant sous quel arbre ils avaient assisté à l'adultère. Leurs réponses s'avèrent contradictoires ; sur la plainte de Suzanne, ils subissent le sort qu'ils lui avaient réservé.

Bel et le serpent

Le culte de Bel exigeait chaque jour une grande quantité de nourriture, dont profitaient les prêtres, tout en prétendant que leur dieu la consommait ; en fait ils s'en emparaient en empruntant une porte dérobée. Là encore, Daniel intervint ; il répandit de la cendre et lendemain, aperçut les traces de pas laissées par les prêtres. Sur la colère du roi, le dieu Bel fut renversé. Un serpent était aussi vénéré ; Daniel le tua. Les Babyloniens en conçurent une grande colère et menacèrent le roi de le tuer s'il ne le punissait pas. À nouveau jeté, pendant six jours, dans la fosse aux lions, Daniel reçut de quoi manger d'Habacuq, prophète venu de Judée.

Chapitre 2

Le livre de l'Apocalypse de Jésus-Christ

Le terme Apocalypse est issu du verbe grec « *apocaluptein* », qui signifie « écarter le voile ».[197] C'est en cela qu'il est une révélation et il nous rappelle le but final de la marche de l'histoire, le « Jour » où Dieu établira définitivement son règne sur le monde grâce au triomphe du Christ.

Rédigé en pleine persécution, ce message est un écrit clandestin qui circulait sous le manteau, à la barbe des autorités et sous la menace perpétuelle du pouvoir romain ; donc il se présente, comme tous les messages des réseaux de résistance, avec un langage codé. Il n'en est pas moins un chant de victoire.

Cette brève traversée du livre a d'abord pour but de découvrir un texte qui reprend et résume les

---

[197] « *Apokalypsis* signifie 'dévoilement', le fait de rendre manifeste. [...] Le mot lui-même n'a rien à voir avec la 'fin du monde' ou l'"anéantissement du monde" ». J. Moltmann *op. cit.* p. 267.

prophéties de l'Ancien Testament et les déclarations de Jésus. Ensuite elle dira combien les heurs et malheurs du monde se reproduisent invariablement et, sans aucun doute, sont aujourd'hui encore d'actualité. Notre époque vit une nouvelle traversée du désert, comparable à celle d'Israël dans le Sinaï, à cela près qu'aucun guide inspiré n'ouvre la marche, écartant les dangers. Chaque jour, la planète est confrontée à des événements tragiques qui mettent en cause sa viabilité. Qu'il s'agisse de forces naturelles ou d'origine humaine, qu'elles surgissent de la terre ou qu'elles nous menacent depuis l'espace, le monde semble assailli par plus de catastrophes que jamais dans son histoire.

Section 1. Contexte et objectifs[198]

Déclaré « canonique » vers l'an Mil, le livre des « Révélations » a pour but d'annoncer la victoire prochaine du Bien sur le Mal, le retour imminent du Christ et une éternité de bonheur et de prospérité pour le monde. Il s'inscrit dans une tradition judaïque destinée à rassurer les croyants soumis aux Romains, afin de rendre courage aux chrétiens persécutés sous Néron vers l'an 60, puis sous Domitien.

Reste la question du véritable auteur ; par ses reprises du thème de l'Agneau, de l'amour de Dieu,

---

[198] Ce chapitre est basé essentiellement sur l'ouvrage illustré du grand théologien Hans Urs von Balthasar *Ja, Ich komme bald* résumé en traduction française par Anita Nebel. Un commentaire de David C. Pack, *L'Apocalypse expliquée*, m'a également été d'une grande aide. Enfin, on trouve sous la plume de Jacques Descreux une passionnante interprétation du livre en tant qu'« Autopsie du Mal ».

de ses témoignages au tombeau ou au pied de la croix, Hans Urs von Balthasar est convaincu que son auteur est Jean l'Évangéliste ; mais il pourrait aussi être un prophète chrétien, pétri de traditions juives et du genre littéraire apocalyptique. Exilé sur l'île de Patmos,[199] il reçoit la mission de rapporter ses visions et la tradition voudrait qu'il les ait écrites sur les ailes d'un aigle, ce qui .jette un doute quant à son identité, car on a forgé pour désigner l'Évangéliste l'expression « aigle de Patmos ». Il se présente comme un « témoin du Dieu vivant », c'est le seul titre qu'il avance et il rejoint ainsi la pratique des prophètes. La seule autorité qui puisse confirmer son message, c'est le Christ, et tout ce texte rappelle la promesse de son retour prochain. Il est celui qui sera assis sur le trône du Père ; il remportera la victoire finale avec son Église, qui aura grandi vers Lui.

Ce livre est un traité de théologie de l'histoire, qui entend lui donner un sens ; il a pour but d'anticiper son terme. Mais le sens de la création et de l'histoire du monde ne peut pas être déchiffré, compris d'un coup ; il évolue avec la découverte de l'Agneau et la réponse des hommes à son action, selon qu'ils acceptent ce sens comme vrai et fiable ou qu'ils le refusent. Le sens ultime ne sera connu qu'au jugement définitif du monde, il y a une part qui reste mystérieuse. « Ce sont à la fois des

---

[199] « Une tradition, assez digne de foi, le fait venir à Éphèse, d'où il gouverna les Églises d'Asie Mineure, persécutées par Néron, probablement après 60. Il aurait été exilé ensuite sur l'île de Patmos, sous Domitien (81-96). Revenu à Éphèse sous Nerva (96-98), c'est là qu'il serait mort, au début du règne de Trajan (98-117) ». André Paul.

révélations et des mystères. Il n'y a pas de suite historique dans les récits de l'Apocalypse. Chaque vision du voyant Jean a sa vérité propre, comme celles de l'Ancien Testament, chez Isaïe, Ézéchiel, Daniel qui sont supposées être connues. Une fois encore : elles sont révélations et mystère. »[200]

Ce livre n'est donc pas une chronologie du futur. Le but de Jean est de révéler, au travers du salut des hommes plongés dans la détresse, la valeur de la Passion du Christ et la primauté de l'Amour. Tendue vers le futur, l'annonce en cette fin du premier siècle s'adresse à sept communautés naissantes pour leur annoncer la venue imminente du Christ et les encourager à résister dans les persécutions, à « persévérer » et « rester debout ».

« Le dévoilement d'un monde transcendant en regard du monde présent scelle l'écart entre l'harmonie divine et le désordre mondain, entre les aspirations des hommes et leurs réalisations, entre ce qui devrait être et ce qui est. Le recours aux images est plus apte à suggérer l'étrangeté de l'au-delà. C'est pourquoi ces récits fourmillent d'images déroutantes, massivement empruntées au répertoire des traditions juives devenues souvent peu familières à nos contemporains ».[201]

L'acteur principal est Jésus, celui qui à la fois révèle et est révélé. Il occupe le centre d'un espace qu'on peut qualifier de « liturgique » ; revêtu d'une longue robe il porte à sa poitrine une ceinture d'or.

---

200 Hans Urs von Balthasar
201 *Ibidem.*

Figure 4. Le Christ au milieu des sept chandeliers. Codex de Bamberg 1020, en niveaux de gris.

Sa tête et ses cheveux sont blancs comme de la neige. Ses yeux sont flamboyants. Ses pieds sont semblables à de l'airain ardent. Sa voix est comme le bruit de grandes eaux.

Il tient sept[202] étoiles dans sa main droite et trône au milieu de sept chandeliers d'or. Dans sa bouche apparaît une épée à deux tranchants, signe de sa Parole. Son visage est resplendissant comme le soleil dans toute sa force.

« ... *un être qui ressemblait à un Fils d'homme, revêtu d'une longue tunique, une ceinture d'or à hauteur de poitrine ; sa tête et ses cheveux étaient blancs comme la laine blanche, comme la neige, et ses yeux comme une flamme ardente ; ses pieds semblaient d'un bronze précieux affiné au creuset, et sa voix était comme la voix des grandes eaux...* »[203]

L'objectif est, de bout en bout, d'annoncer la proche venue du Christ, confirmant les annonces esquissées dans certaines prophéties anciennes, celles d'Isaïe, de Jérémie, d'Ézéchiel[204] et de Daniel principalement, qui annoncent le retour d'exil et la joie des retrouvailles et de l'abondance. D'autres au contraire prédisent des châtiments ; Joël parle d'un « jour de ténèbres et d'obscurité, jour des nuées et du brouillard ». Sophonie est plus imagé : « Le grand jour de l'Éternel est proche, il arrive en toute hâte ; le jour de l'Éternel est un jour de fureur [...] un jour où retentiront la trompette et les cris de guerre... Je mettrai les hommes dans la détresse, et ils marcheront comme des aveugles, parce qu'ils ont péché contre l'Éternel ; je répandrai leur sang comme de la poussière, et leur chair comme de l'or-

---

[202] Chiffre exprimant la perfection, la plénitude. L'imperfection des réalités terrestres correspond au chiffre 4.
[203] 1:12-19
[204] Avec son récit sur les ossements desséchés reprenant vie. 37:1-14.

dure ». 1:14-17.

Jésus lui-même adopte un discours apocalyptique à propos de la destruction du Temple, présente dans trois Évangiles synoptiques.[205]

L'histoire récapitulée

Dieu va résumer, récapituler toute l'histoire. Tous les martyrs immolés à travers les âges imploreront Dieu de leur faire justice.[206] La « révélation » ou le « dévoilement » d'événements passés, présents ou futurs est opérée par le Père et est contenue dans un livre que personne ne peut ouvrir sauf le Fils, « car tu fus égorgé et tu rachetas pour Dieu, au prix de ton sang, des hommes de toute race, langue, peuple et nation ». Ce motif de louange traverse tous les épisodes du livre.

Ces prédictions ont un double but : elles annoncent une fin des temps précédant le retour du Christ, et dénoncent les méfaits des masses humaines à travers toute l'histoire. À la fois elles prédisent un déferlement de Satan, et elles exhortent à prendre part à la victoire de Jésus. Le message essentiel est qu'il faut demeurer lié à l'Agneau « immolé mais vivant ». Jésus le Messie est vraiment « l'Agneau de Dieu », le nouvel Isaac fils d'Abraham, qui sauve le monde par son sacrifice.

---

205 *Matthieu* 24:1-25 ; *Marc* 13:1-35 ; *Luc* 17:5-37. Reprise dans la première lettre de Paul à Timothée 1:1-9.

206 « Jusques à quand, Maître saint et véritable, tarderas-tu à juger, et à tirer vengeance de notre sang sur les habitants de la terre ? Une robe blanche fut donnée à chacun d'eux; et il leur fut dit de se tenir en repos quelque temps encore, jusqu'à ce que fût complet le nombre de leurs compagnons de service et de leurs frères qui devaient être mis à mort comme eux ». 6:10-11.

Le Vivant qui était mort

« Jean qui selon la thèse la plus commune a connu Jésus sur la terre, qui a vu son supplice sur la croix et son cœur transpercé, qui l'a vu vivant le jour de Pâques, apprend ici les dimensions d'éternité de ces événements : le fait d'être mort est son vrai et ineffaçable passé, au point que lui, le Vivant, a tout pouvoir sur la mort et le royaume de la mort dans ses mains. Quand à la fin de l'Apocalypse la mort et le royaume de la mort sont jetés dans l'abîme de feu, cette victoire est déjà réalité dans le Christ glorifié. Avoir été mort est une action de sa vie éternelle puisque 'Personne ne me prend ma vie, je la donne librement' (Jean 10:18), mais être transpercé est l'œuvre de l'humanité pécheresse qui devra le voir et le reconnaître et cela ne lui sera pas épargné. Elle devra parvenir à ne plus se plaindre d'elle-même, mais à le plaindre Lui, qui s'est laissé faire par amour. S'il est le Premier et le Dernier, il est aussi l'origine de la Création de Dieu et donc le Tout-Puissant et le Tout-Sachant qui 'scrute les reins et les cœurs'. Sous son apparence d'Agneau il aura sept yeux, c'est à dire il possède les sept Esprits de Dieu envoyés sur toute la Terre. La Paroles qu'il adressera aux sept Églises seront à chaque fois qualifiées de 'Paroles de l'Esprit Saint'. »[207]

Dans la vision initiale, le Seigneur de l'histoire se dit préoccupé par ces communautés, représentées par des chandeliers. Elles doivent d'abord se convertir, avant de recevoir la révélation. Condition qui vaut pour nos communautés depuis toujours.

---

[207] Hans Urs von Balthasar.

Section 3. Constantes de l'Église

Par la plume de Jean, Jésus écrit à des anges, un ange pour chacune des sept Églises ou assemblées chrétiennes qui ont déjà plusieurs dizaines d'années d'existence. Dans ces lettres, il exprime tantôt son approbation, il encourage et il avertit des dangers, montre les fautes, appelle alors à changer, et fait une promesse aux vainqueurs. Chaque lettre est personnalisée ; en même temps, leur message est stylisé et concerne l'ensemble des Églises. Plus largement, il embrasse toute l'histoire, en montre les constantes et s'adresse à chaque chrétien aujourd'hui. Symboliquement les sept communautés d'Asie Mineure représentent sept grandes époques de l'histoire terrestre de l'Église. Cette mise à nu venue du ciel n'est pas un jugement général, mais une vision différenciée : chaque communauté doit s'exposer et être jugée par les « yeux de flamme » selon ses œuvres. À chacune il est dit : « Je connais tes œuvres. » On insiste beaucoup sur les œuvres, dans l'*Apocalypse*, plus qu'ailleurs dans le Nouveau Testament. La vertu de base est la persévérance, la ténacité au milieu des mensonges et des séductions du monde ; elle est considérée comme « l'œuvre par excellence ».

« Toutes les grâces indicibles et merveilleuses qui sont promises à ceux qui restent fidèles sont énumérées : être nourris par l'Arbre de Vie, goûter à la Manne cachée qu'est l'Eucharistie, recevoir le Nom personnel unique que Dieu donne et fait de chacun un être unique, participer au pouvoir royal du Christ qu'il a lui-même reçu du Père, être préservé de la deuxième mort, être inscrit dans le livre de la Vie, recevoir le Signe du Nom de Dieu, devenir une colonne du Temple de Dieu et de l'Église, participer à la royauté du Christ et vivre sa présence dans l'intimité du repas. Chaque lettre se conclut par : Que celui qui a des oreilles entende ce que l'Esprit dit aux Églises : à celui qui vaincra je donnerai à manger de l'arbre de vie, qui est dans le paradis de Dieu ».[208]

Éphèse : l'usure du temps, la lassitude

C'est la cité dans laquelle résidait Jean, avant d'être exilé à Patmos. C'est là aussi, sans doute, que mourut Marie, la mère de Jésus.[209] Stratégiquement située au bord de la mer Égée, antique foyer culturel, elle fut la première à former une communauté chrétienne.[210] Évangélisée par Jean, elle accueillit Paul lors de son troisième voyage missionnaire.

L'ange d'Éphèse gardait cette première Église, qui était fervente en ses débuts, mais qui perdit peu à peu son ardeur et se dota d'un gouvernement païen, adepte d'un culte rendu à Artémis. C'est ainsi que le chandelier, symbole de la présence de Dieu, faillit s'éteindre.[211] Lors de son passage, Paul lutta en vain

---

208 Hans Urs von Balthasar.
209 Sur la Croix, Jésus dit à Marie : voici ton fils, et à Jean : voilà ta mère. Il est donc logique que Marie ait suivi Jean à Éphèse.
210 « Les relations de notre auteur avec la tradition et la communauté johannique établie à Éphèse font débat. Mais une majorité de chercheurs incline à ne pas associer Jean de Patmos aux courants johanniques, même si des contacts ont pu avoir lieu ». L'internaute.fr
211 « Je connais tes œuvres, ton labeur et ta patience ; je sais que tu ne peux supporter les méchants ; que tu as éprouvé ceux qui se disent apôtres et ne le sont pas, et

contre ces hérésies.[212] Ces événements marquèrent le début d'une dégradation de l'Église, une érosion qui renvoie à celle de l'Occident d'aujourd'hui.

Smyrne : la peur de la persécution

Son origine remonte aux environs de l'an mille avant Jésus-Christ. Cette Église n'a pas été instituée par Paul, mais par Polycarpe dont le disciple Irénée fut évêque de Lyon. Car d'Éphèse, Paul traversa la Mer Égée vers Corinthe puis Athènes. Smyrne (Izmir) était un port de commerce, mais également un centre intellectuel principalement juif, donc ennemi des chrétiens, au point que le Christ l'appelle « synagogue de Satan ». Une Église de la qualité celle de Smyrne ne pouvait pas plaire à l'ennemi. Elle a subi de grandes persécutions, au point d'être tentée dans sa foi et ne reçoit aucun reproche de l'Esprit.[213] Mais comme pour toutes les autres, la

---

que tu les as trouvés menteurs ; que tu as de la patience, que tu as eu à supporter pour mon nom, et que tu ne t'es point lassé. Mais j'ai contre toi que tu t'es relâché de ton premier amour. Souviens-toi donc d'où tu es tombé, repens-toi et reviens à tes premières œuvres sinon, je viendrai à toi, et j'ôterai ton chandelier de sa place, à moins que tu ne te repentes ». 2:2-5.

212 Les *Actes des Apôtres* rapportent son passage à Éphèse au cours duquel il dénonce les dieux fabriqués par les hommes ; les artisans qui vivent de la fabrique de petits temples en argent de la déesse Artémis se mettent en colère et s'écrient : « Grande est l'Artémis des Éphésiens ! » *Actes des apôtres* 19:23-28.

213 « Voici ce que dit le Premier et le Dernier, Celui qui était mort et qui a repris vie. Je connais ton affliction et ta pauvreté (bien que tu sois riche), et les calomnies de la part de ceux qui se disent Juifs et ne le sont pas, mais qui sont une synagogue de Satan. Ne crains pas ce que tu vas souffrir. Voici, le diable jettera quelques-uns d'entre vous

promesse de l'arbre de vie reste conditionnelle. C'est une autre constante de la vie de l'Église, la persécution qui se poursuit et même s'accélère, notamment dans les régions où règne l'Islam radical : mis à part la Corée du nord où règne un régime totalitaire, on peut citer l'Afghanistan, la Somalie, le Yémen, l'Erythrée, la Libye, le Nigeria, le Pakistan, l'Iran, l'Afghanistan et le Soudan.[214]

Pergame : tolérance des hérétiques

Pergame (aujourd'hui Bergama) est à l'intérieur des terres, à 24 km de la mer Égée, et aussi en dehors des grandes voies romaines qui desservent l'empire. C'est la plus grande et la plus belle des villes d'Asie, et la capitale de la province depuis près de 250 ans quand elle passe dans le giron de Rome (en 133 avant Jésus-Christ).

À l'Église de Pergame le Christ tient de tout autres propos.[215] il lui reproche de tolérer des partisans de

---

en prison, afin que vous soyez éprouvés, et vous aurez une tribulation de dix jours. Sois fidèle jusqu'à la mort, et je te donnerai la couronne de vie ». 2:8-10.
214 Les chrétiens sont les plus persécutés au monde.
215 « À l'ange de l'Église qui est à Pergame, écris : Voici ce que dit celui qui tient l'épée aiguisée à double tranchant. Je sais que là où tu habites, Satan a son trône. Mais tu me restes fermement attaché, tu n'as pas renié ta foi en moi, même aux jours où Antipas, mon témoin fidèle, a été mis à mort chez vous, là où habite Satan. J'ai pourtant quelques reproches à te faire : tu as chez toi des gens attachés à la doctrine de Balaam qui avait appris au roi Balaq à tendre un piège aux Israélites, pour les amener à pécher en mangeant des viandes provenant des sacrifices offerts aux idoles et en se livrant à la débauche. De même, tu as, toi aussi, des gens attachés à la doctrine des Nicolaïtes. Change donc, sinon je viens à toi sans tarder et je vais

la doctrine de Balaam, de manger des surplus de viandes idolâtres et de s'adonner à la débauche. « Les chrétiens de Pergame sont gravement fautifs parce qu'ils tolèrent la présence d'hérétiques au milieu d'eux, alors qu'ils auraient dû tuer le serpent dans l'œuf, comme on dit, sans le moindre ménagement. Puisqu'ils ne l'ont pas fait, peut-être déjà au nom de la sacro-sainte tolérance, Jésus se présente à eux armé d'une épée à deux tranchants et donc, très menaçant. Ces croyants vont maintenant devoir rendre des comptes à leur Maître pour leur attitude désinvolte et mondaine face au péché ».[216]

Sur ce point de nos jours, la question ne se pose plus, la tolérance est la règle, elle n'est plus un problème, même quand le christianisme est encore majoritaire.[217]

Thyatire : Jézabel le Mal incarné[218]

---

combattre ces gens-là avec l'épée qui sort de ma bouche ». 2:12-16.
216 V. McGee, trad. J. Iosi, site cheminsdevie.info.
217 https://fr.wikipedia.org/wiki/Christianisme_par_pays
218 « Je connais tes œuvres, ton amour, ta foi, ton service et ta persévérance. Je sais que tes dernières œuvres sont plus nombreuses que les premières. Mais ce que j'ai contre toi, c'est que tu laisses faire Jézabel, cette femme qui se prétend prophétesse. Elle enseigne et égare mes serviteurs pour qu'ils se livrent à l'immoralité sexuelle et mangent des viandes sacrifiées aux idoles. [...] Quant à vous, les autres croyants de Thyatire, qui n'acceptez pas cet enseignement et qui n'avez pas connu les profondeurs de Satan – comme ils les appellent – je vous dis : Je ne mettrai pas sur vous d'autre fardeau. Seulement, ce que vous avez, tenez-le fermement jusqu'à ce que je vienne. Au vainqueur, à celui qui accomplit mes œuvres jusqu'à la fin, je donnerai autorité sur les nations. Il les dirigera avec un

« Ce que le Christ sait de cette Église est flatteur [...] Toutefois, *celui dont les yeux sont comme une flamme ardente* (2:18) ne voit pas l'amour et la fidélité, mais plutôt la prostitution et l'adultère »[219]

Jézabel, qui aux temps bibliques était en conflit avec le prophète Élie, avait pour avatar à cette époque une femme malfaisante, prophétesse de malheur : elle enseignait et égarait les serviteurs de Jésus-Christ pour qu'ils « se livrent à l'impudicité et qu'ils mangent des viandes sacrifiées aux idoles ».

Jézabel, c'est donc la victoire définitive du principe païen dans le peuple de Dieu, alors qu'à Thyatire c'est, plus spécialement, celle du nicolaïsme.[220] Elle est l'Église des contrastes, car à côté de nombreux croyants authentiques, elle hébergeait de faux croyants. En outre, l'organisation de cette Église, comme de nombreux points de sa doctrine officielle, n'avait plus guère à voir avec la Parole de Dieu. Elle était l'amorce d'un combat permanent entre vérité biblique et tradition immuable, entre lumière et ténèbres, aujourd'hui on dirait entre laïcité et cléricalisme, ou entre soif de pouvoir et amour authentique.

---

sceptre de fer, comme on brise les vases d'argile, ainsi que moi-même j'en ai reçu le pouvoir de mon Père, et je lui donnerai l'étoile du matin. Que celui qui a des oreilles écoute ce que l'Esprit dit aux Églises ». 2:19-29.

219 Descreux J., *L'Apocalypse de Jean. Une autopsie du mal.* p. 21.

220 La secte des « Nicolaïtes » au sein de l'Église d'Éphèse incitait les disciples à vivre « selon la chair » et il y avait une association évidente avec la doctrine de Balaam. Le mot lui-même signifie « qui domine le peuple », de *Nikaô*, qui signifie « conquérir » et *Laos* qui signifie « les laïcs ». Ses adeptes prônaient la mise en commun des femmes.

Sardes : l'Église endormie

Les propos de cette lettre sont d'une étonnante actualité.[221] Sardes avait la réputation d'une ville opulente sur laquelle régnait Crésus, baignée du fleuve Pactole qui charriait des paillettes d'or, le mot « pactole » signifiant « source de richesse ». Or cette Église fervente à ses débuts avait sombré dans la mollesse. « Un parallèle est souvent tiré entre l'Église de Sardes et celles issues de la Réforme. Au début, elles ont écrit des pages glorieuses : retour à la Bible, conversions, églises pleines, persécutions supportées vaillamment, serviteurs de Dieu hors du commun. Mais au fil des siècles, l'érosion s'est fait sentir sous la pression de la critique biblique, du libéralisme, du rationalisme, de l'humanisme, de l'œcuménisme ».[222] Ce processus se vérifie encore de nos jours. Notre Église a tendance à s'endormir.

Philadelphie : la persévérance

---

221 « Écris à l'ange de l'Église de Sardes : Voici ce que dit celui qui a les sept esprits de Dieu et les sept étoiles: Je connais tes œuvres. Je sais que tu passes pour être vivant, mais tu es mort. Sois vigilant et affermis le reste, qui est sur le point de mourir, car je n'ai pas trouvé tes œuvres parfaites devant mon Dieu. Rappelle-toi donc comment tu as accepté et entendu la parole, garde-la et repens-toi. Si tu ne restes pas vigilant, je viendrai comme un voleur, sans que tu saches à quelle heure je viendrai te surprendre. Cependant, tu as à Sardes quelques personnes qui n'ont pas souillé leurs vêtements; elles marcheront avec moi en vêtements blancs parce qu'elles en sont dignes. Le vainqueur sera habillé de vêtements blancs; je n'effacerai pas son nom du livre de vie et je le reconnaîtrai devant mon Père et devant ses anges. Que celui qui a des oreilles écoute ce que l'Esprit dit aux Églises. » 3:1-6
222 Commentaire de *Bible ouverte*.

Comme Sardes, la ville de Philadelphie fut construite au pied du Mont Tmolos mais sur un autre versant à 45 km de sa voisine. Ces deux Églises sont donc géographiquement très proches mais bien différentes de caractère. Le problème principal de Philadelphie, ce sont les tremblements de terre, car elle est située sur un point sensible. La ville fut complètement détruite en 17 ap. J.-C. Suite à d'autres secousses, elle subit des dommages pendant vingt ans. Comme les six autres, elle subit l'évaluation du Seigneur.[223]

Dans un climat de perte des valeurs au profit d'un matérialisme croissant, notre époque voit s'opérer une distanciation par rapport à la spiritualité en général. En Europe, depuis la laïcisation, un tri s'est opéré entre les anciens croyants « par habitude » et le petit groupe des chrétiens convaincus, fortement enracinés dans la foi.

---

[223] « Je connais tes œuvres. Voici, parce que tu as peu de puissance, que tu as gardé ma parole, et que tu n'as pas renié mon nom, j'ai mis devant toi une porte ouverte, que personne ne peut fermer. Voici, je te donne quelques-uns de ceux de la synagogue de Satan, qui se disent Juifs mais qui mentent; voici, je les ferai venir se prosterner à tes pieds et reconnaître que je t'ai aimé. Parce que tu as gardé la parole de la persévérance en moi, je te garderai aussi à l'heure de la tentation qui va venir sur le monde entier, pour éprouver les habitants de la terre. Je viens bientôt. Retiens ce que tu as, afin que personne ne prenne ta couronne. Celui qui vaincra, je ferai de lui une colonne dans le temple de mon Dieu, et il n'en sortira plus; j'écrirai sur lui le nom de mon Dieu, et le nom de la ville de mon Dieu, de la nouvelle Jérusalem qui descend du ciel d'auprès de mon Dieu, et mon nom nouveau. Que celui qui a des oreilles entende ce que l'Esprit dit aux Églises ».

Laodicée : l'Église tiède

« Ni froid ni bouillant » : sa richesse l'a éloignée de Dieu. C'est une ville sans caractère, sans rôle intéressant dans l'histoire. Dans son orgueil elle se dit riche et s'isole égoïstement ; elle est fière de ses étoffes magnifiques et de ses remèdes fameux : elle aurait pourtant besoin de vraies richesses, qui se trouvent dans la repentance et le zèle au service de son Maître. En lisant ce message, je pense à nos pays d'abondance, avec des loisirs devenus envahissants, qui n'ont plus guère de place pour Dieu. Par ignorance, mais surtout par individualisme, bien des croyants ne prennent plus le risque de s'engager et recherchent un juste milieu. Toutes les paroisses connaissent un déclin, et celles des villes doivent leur survie à la mobilité des fidèles.

« Je te vomirai », voilà qui est dur à entendre. Il reste cependant une voie de salut, car à ceux qui l'aiment Dieu réserve une dernière chance : « Voici, je me tiens à la porte, et je frappe. Si quelqu'un entend ma voix et ouvre la porte, j'entrerai chez lui, je souperai avec lui et lui avec moi ». 3:20.

Section 3. Les visions prophétiques

La salle du trône[224]

---

[224] « Et je vis, au milieu du trône et des quatre êtres vivants et au milieu des vieillards, un agneau qui était là comme immolé. Il avait sept cornes et sept yeux, qui sont les sept esprits de Dieu envoyés par toute la terre. Il vint, et il prit le livre de la main droite de celui qui était assis sur le trône. Quand il eut pris le livre, les quatre êtres vivants et les vingt-quatre vieillards se prosternèrent devant l'agneau, tenant chacun une harpe et des coupes d'or remplies de parfums, qui sont les prières des saints. Et ils chantaient un

Dans la première vision, le voyant est transporté au ciel ; le monde de Dieu se déploie dans une beauté et un calme subjuguants. Rien n'indique des dissensions avec la terre. Dieu est invisible, mais autour de lui se trouve l'arc-en-ciel de sept couleurs et devant lui les sept lampes de l'Esprit issu de Dieu en sept dons. Le trône est placé sur le firmament. En face du trône se tiennent, accomplissant une liturgie, les quatre Vivants.

Le nombre de quatre, qui est le chiffre de la terre, donne à penser qu'ils représentent les quatre évangélistes : l'ange (Matthieu), le lion (Marc), le taureau (Luc) et l'aigle (Jean) qui s'élève le plus haut vers Dieu. Le deuxième groupe est formé de vingt-quatre anciens, douze[225] pris de l'Ancienne et douze de la Nouvelle Alliance. Ils rendent le témoignage que toute œuvre accomplie dans le monde est le résultat de l'action de Dieu.

---

cantique nouveau, en disant: Tu es digne de prendre le livre, et d'en ouvrir les sceaux; car tu as été immolé, et tu as racheté pour Dieu par ton sang des hommes de toute tribu, de toute langue, de tout peuple, et de toute nation; tu as fait d'eux un royaume et des sacrificateurs pour notre Dieu, et ils régneront sur la terre ». 5:6-10.

225 Douze est le produit de trois (la Trinité) et de quatre (la terre et les hommes). Ainsi l'action de Dieu se déploie dans l'œuvre humaine. On a donc douze Anciens pour l'Ancien ou Premier Testament, douze pour le Nouveau.

Figure 5. Dieu Seigneur de l'Univers
Codex de Bamberg

L'ouverture des sceaux

Qui est digne d'ouvrir et d'interpréter le Livre à sept sceaux du monde ? Personne sur la terre ni au ciel n'est capable de l'ouvrir. Aucune religion ou philosophie n'a pu rompre le sceau, et cela est si terrible que Jean, le voyant, éclate en sanglots devant l'impuissance du monde à s'expliquer à lui-même le sens de son existence. C'est alors qu'arrive l'imprévu : la vision montre l'Agneau « vivant mais comme égorgé » (symbole de Jésus Rédempteur) qui reçoit le livre de la main de Dieu et devant lui le monde entier se prosterne.

Les six premiers sceaux prédisent six événements. De son vivant terrestre, Jésus les a prédits, on les retrouve chez Matthieu au chapitre 24 : « Méfiez-vous des faux prophètes. Car plusieurs viendront sous mon nom, disant: c'est moi qui suis le Christ. Et ils séduiront beaucoup de gens ». Puis au verset suivant, il annonce des guerres : « Vous entendrez parler de guerres et de bruits de guerres: gardez-vous d'être troublés, car il faut que ces choses arrivent. Mais ce ne sera pas encore la fin ». Viendront alors des famines, des tremblements de terre et des pestes[226]. Enfin, le Christ annonce la « Grande Tribulation » qui doit être suivie par des signes célestes. Les étoiles tombent du ciel, le soleil et la lune s'obscurcissent. Au même moment paraît le signe du Christ.

La « toile de fond » du texte est l'ouverture du livre par l'Agneau qui seul, peut décacheter ses sept sceaux, eux-mêmes liés aux sept Églises d'Asie Mineure auxquelles il s'adresse. Or chacun renvoie à l'un des six fléaux : les faux Christ, la guerre, la famine, les pestes, la grande tribulation, les phénomènes célestes. Il est le Maître de l'histoire.

---

[226] « En effet on se dressera nation contre nation, royaume contre royaume, et il y aura des pestes, des famines et des tremblements de terre par endroits : tout cela est le commencement des douleurs ». *Matthieu 24:7*.

Que signifient aujourd'hui ces sept sceaux ? Les gens de toutes croyances, y compris l'athéisme, sont désormais conscients qu'une apocalypse au sens moderne du terme est en train de s'accomplir ; certains sont des accidents naturels (famines, pestes et épidémies, risques de catastrophes naturelles). Les « faux Christ », la guerre et pour partie les famines dues aux accès inéquitables aux ressources, les séquelles majeures du dérèglement climatique largement d'origine humaine tempèrent l'impression que c'est Dieu qui veut du mal à la terre. Mais l'apparition du Christ doit intervenir au terme de cette « grande tribulation ».

Les quatre cavaliers

Les premiers quatre sceaux qu'ouvre l'Agneau révèlent la création dans sa réalité, influencée par la liberté de l'homme. Elle se montre sous la forme de quatre cavaliers dont les caractères se complètent : chacun représente un principe de base du monde et ensemble, l'image globale de l'existence.

Le premier cavalier paraît sur un cheval blanc, armé d'un arc. On lui donne une couronne et « il partit en vainqueur et pour vaincre ». Il représente, selon Balthasar, le sens fondamental de l'existence, sa fondamentale positivité, son mouvement vers le sens dernier, vers la victoire définitive mais qui présuppose un combat : les autres cavaliers ne pourront pas remettre en question cet élan.

Le deuxième sceau fait apparaître un cavalier sur un cheval roux qui porte une épée à la main. Il reçoit le pouvoir d'« ôter la paix à la terre, de sorte que les hommes s'entre-égorgent les uns les autres ». Sa venue sonne l'heure de la bataille. C'est le meurtre d'Abel par Caïn, la première guerre pour la suprématie. Le rêve de paix, où l'agneau et le loup vivent ensemble, est une utopie réservée au Royaume messianique ; le premier cavalier ne pourrait pas remporter la victoire s'il n'y avait pas de défaite.

Le troisième cavalier, assis sur un cheval noir, tient une balance dans sa main et la voix du Vivant déclare : « Une mesure de blé pour un denier ! Trois mesures d'orge pour un denier ! ». Ce qui est à l'œuvre ici est la justice calculatrice et limitative. Les biens du monde et le « pouvoir d'achat » ne sont pas illimités, les hommes doivent se contenter de ce que le monde leur donne.

Le quatrième cavalier sur un cheval blème ou pâle est appelé « la Mort » ; il est accompagné par tous ceux qui composent le monde des morts. Le pouvoir de la mort est limité, puisque le Christ en possède les clés. Ce quatrième personnage, qui a le pouvoir de tuer par tous les moyens[227] marque la fin de l'existence du monde.

En résumé, ces personnages incarnent le sens de la vie, la jalousie meurtrière, la rareté des ressources et la finitude du monde : c'est la condition humaine.

La Grande Tribulation

Les trois derniers sceaux ne concernent plus le monde, mais l'histoire concrète des hommes. Le cinquième sceau manifeste le cri de l'humanité devant l'injustice qui se perpétue dans l'histoire, et

---

[227] « Le pouvoir leur fut donné sur le quart de la terre, pour faire périr les hommes par l'épée, par la famine et par les bêtes sauvages de la terre ». Hans Urs von Balthasar

qui se reproduit malgré les horreurs déjà vécues. Il dépeint le martyre des saints à travers les âges. Il annonce l'imminence du plus grand chaos mondial de l'histoire ; le monde verrait alors s'accentuer à l'extrême les fléaux précédents. On pourrait se demander si ce moment n'est pas en train de s'annoncer, depuis l'apparition de tyrannies inédites et la menace du feu nucléaire. Les persécutions physiques ou psychologiques que subissent les chrétiens vont s'accentuant, de même que les moqueries voire le mépris des incroyants ou des indifférents en Occident.

À l'ouverture du sixième sceau se fait un grand tremblement de terre ; le soleil se fait noir, la lune devient rouge comme le sang, les étoiles tombent vers la terre. Le ciel se retire « comme on roule un livre », toutes les montagnes et les îles sont remuées de leur place. Ces faits terrifiants sont une réaction de Dieu aux crimes des hommes, car Il n'est pas insensible à leurs méfaits. La peur se révèle être un élément de base de l'existence car tous, esclaves ou gens libres, les rois, les généraux, les riches et les puissants se cachent dans les failles de la terre, priant pour être protégés de la colère de Dieu et de celle de l'Agneau.

La procession des peuples

L'auteur aperçoit « une foule immense, que nul ne pouvait dénombrer ». Il voit d'un côté cent quarante-quatre mille hommes et femmes, serviteurs de Dieu contemporains de Jean « marqués du sceau qui imprime la marque du Dieu vivant »[228]. C'est à eux

---

[228] « C'était l'usage dans l'armée romaine de marquer les recrues d'un signe sur le front ; de la même manière, le

que Jean adresse son *Apocalypse*. D'un autre côté apparaît la foule, une foule innombrable, aux vêtements blancs, portant la robe des noces et les palmes à la main, de toutes nations, tribus, peuples et langues. Ils ne sont pas encore marqués du sceau du Baptême ; ils seront convertis par la foule des cent quarante-quatre mille. La souffrance des uns va entraîner le salut des autres ; c'est le grand mystère dont parlait le prophète Isaïe dans les chants du serviteur souffrant. Jean dit la même chose à ses frères persécutés : dans vos souffrances se trouve le salut de vos frères.

Avant que l'Agneau n'ouvre le septième sceau, se présentent quatre anges à qui il avait été donné de faire du mal à la terre et à la mer. Un ange crie d'une voix forte : « Ne faites point de mal à la terre, ni à la mer ni aux arbres jusqu'à ce que nous ayons marqué du sceau, sur le front, les serviteurs de notre Dieu. » Ces serviteurs de Dieu seront préservés de toutes les catastrophes que les Anges déclencheront, pour convertir ceux qui sont loin de Dieu. Car quand Dieu punit, c'est par amour, pour amener les hommes à se convertir. « Ceux que j'aime, je les corrige ».

Quand l'Agneau ouvre le septième sceau, il se produit dans le ciel un silence d'environ une demi-heure. Sept anges se tiennent devant Dieu et reçoivent sept trompettes. La septième trompette annonce les sept derniers fléaux. Dans l'Ancien Testament, le son de la trompette signalait l'approche des armées et le début des combats (c'est

---

baptisé était devenu soldat du roi des cieux ». Ici il s'agit du Baptême. Commentaire de Marie-Noëlle Thabut.

encore le cas dans les films de western, pour déclencher l'attaque). Paul explique aux Thessaloniciens que ce sera le signal de la venue du Christ.

Section 4. La Colère et le Jugement

On parle environ mille fois de la « colère de Dieu » dans l'Ancien Testament. Dans le Nouveau, il est dit que Jésus se charge de la culpabilité des hommes et met fin à la colère de Dieu ; il est « l'Agneau immolé mais vivant ».

Le Christ a annoncé des pestes, des famines, des tremblements de terre à toutes les époques. Et tous ces cataclysmes annoncés sont les signes avant-coureurs de la « grande épreuve » que doit subir la planète à la fin des temps et que devra traverser l'humanité. Mais au Jour promis, quand l'histoire humaine aboutira enfin dans l'amour, l'univers tout entier passera en Dieu. C'est certain, mais quand cela se produira-t-il ? Nous n'avons pas à nous en préoccuper. Que la foi nous garde debout et éclaire notre présent. Même quand les étoiles tombent, même quand tout s'écroule humainement, il y a encore un avenir possible. Dieu reste le maître de l'histoire. Son amour considère notre courage et se prépare à nous ouvrir la vie sans fin.

Ce sera alors un temps de grande détresse pour tous ceux qui se seront bien moqués de Dieu et des autres pendant leur vie. Et ce sera au contraire le temps du salut pour ceux dont le nom se trouvera inscrit dans le Livre.[229] La venue du Fils de l'homme[230] s'annonce comme un « au-delà » de l'épreuve, elle ouvre une espérance. C'est dans l'épreuve que se vérifie la fidélité des justes ; elle révèle de quel côté chacun choisit de se placer.

Alors, terreur, ou joie ? Il y a un peu des deux. Si on regarde ce qui se passe : pollution galopante, guerres fratricides, génocides, conflits plus ou moins sanglants, mais qui, toujours, tuent des hommes par milliers ; si on envisage les simples querelles pour un bout de terrain, des puits de pétrole ou des mines de coltan, si on énumère le nombre de trahisons, la masse des pauvres écrasés par la guerre économique, il n'y a pas de quoi pavoiser. « La société contemporaine que nous avons vu naître et croître et dans laquelle nos enfants sont nés privilégie l'accumulation de capitaux, si bien que les riches deviennent plus riches et les pauvres plus pauvres ».[231] Face à cet égoïsme ambiant, le clair regard de Dieu nous fera comprendre nos puérilités (« C'est lui qui a commencé... Faut bien vivre... Ne te laisse pas faire ») et

---

[229] Ce thème est une reprise de *Daniel*. « Mais en ce temps-ci, ton peuple sera délivré, tous ceux qui se trouveront inscrits dans le Livre ». *Daniel* 12.

[230] La venue du Fils de l'homme est déjà annoncée dans une prophétie de Daniel : « Je regardai pendant mes visions nocturnes, et voici, sur les nuées des cieux arriva quelqu'un de semblable à un fils d'homme ; il s'avança vers l'ancien des jours, et on le fit approcher de lui. On lui donna la domination, la gloire et le règne; et tous les peuples, les nations, et les hommes de toutes langues le servirent. Sa domination est une domination éternelle qui ne passera point, et son règne ne sera jamais détruit ». *Daniel* 7:13-14.

[231] Valverde Campos *op. cit.* p. 22.

nos médiocres alibis. Devant la cruauté, l'injustice, l'agression, le péché du monde, comment l'univers, créé par l'Amour, peut-il tenir debout ? « Comment la création entière ne se révolte-t-elle pas contre les insensés ? » se demandait déjà le pape Léon le Grand au cinquième siècle... L'Évangile décrit la possible victoire du néant. Le péché est une puissance « décréatrice ».

Mais l'Écriture n'en reste pas là. Elle n'admet pas la victoire du Mal. Ce serait la défaite de Dieu et la défaite de l'homme. On n'en reste pas à un scénario catastrophe ; les crises sont aussi l'enfantement douloureux d'une humanité nouvelle, d'un monde nouveau. Le jugement dont parlent les textes porte en même temps un autre nom : le Salut, fin ultime du projet de Dieu.

La « colère de Dieu » s'exercera, certes, mais pas contre l'homme. Elle s'exercera contre ses idoles : l'appât du gain, la corruption, la volonté de puissance... Finalement, il ne restera que la tendresse ; le jour du « jugement » sera le jour de notre libération définitive. La fin de l'humanité ne sera pas une disparition, mais un achèvement. Il ne s'agira pas d'une extinction, mais d'une transfiguration. Si la première partie de **la prédiction** rapportée par Matthieu[232] parle de la chute des potentats, de la

---

[232] « Aussitôt après la détresse de ces jours-là, le soleil s'obscurcira et la lune ne donnera plus sa clarté ; les étoiles tomberont du ciel et les puissances célestes seront ébranlées. Alors paraîtra dans le ciel le signe du Fils de l'homme ; alors toutes les tribus de la terre se frapperont la poitrine et verront le Fils de l'homme venir sur les nuées du ciel, avec puissance et grande gloire. Il enverra ses anges avec une trompette retentissante, et ils rassembleront ses élus des quatre coins du monde, d'une

fin d'un monde d'oppression, la deuxième partie, toute remplie de la fraîcheur de la vie nouvelle, décrit le monde nouveau - celui que Dieu a commencé et nous a donné la responsabilité d'achever ici-bas : « Redressez-vous, levez la tête, car votre délivrance approche ».

La femme et le dragon

Après la septième trompette, qui inaugure le règne de Dieu, s'ouvrent les derniers temps messianiques.

Au ciel apparaît une femme, debout sur la lune, habillée de soleil et couronnée de douze étoiles. Elle incarne le sens et le but de la création, mais crie dans les douleurs de l'enfantement, sous la menace d'un dragon prêt à dévorer l'enfant.

Qui est cette femme ? Elle résume l'histoire du peuple hébreu en attente du Messie, avec l'apparition en arrière-plan de l'Arche de l'Alliance. Mais elle est une figure qui dépasse les siècles de l'attente. Elle enfante jusqu'à la Croix le Fils vainqueur de la mort et devient la mère de tous les hommes. Son enfant est enlevé auprès de Dieu et elle est transportée au désert. L'enfant naissant est le Messie attendu selon la prophétie d'Isaïe. Tout ceci est illustré sur la Figure 6.

---

extrémité des cieux jusqu'à l'autre ». *Matthieu* 24:29-31.

Figure 6. La Femme et le dragon

Quant au dragon[233], vaincu par l'archange Michel, il tombe de sa demeure intemporelle dans le monde

---

[233] L'antique serpent, Diable (Diviseur) ou Satan (Accusateur), qui égare les hommes (Tentateur), adversaire mythique de Jésus. Il joue de rôle de procureur au tribunal de Dieu.

avec son temps fini ; sa rage est décuplée par la perspective de devoir disparaître un jour ; il part guerroyer contre les disciples de Jésus engagés dans l'histoire. Cet ange révolté dévoile et occulte en même temps le problème du mal : « Elle (l'*Apocalypse*) disculpe les humains de la responsabilité première du mal, à l'encontre des courants de pensée qui les accuseraient d'être le problème ultime de la Création, qui leur attribueraient une sorte de toute-puissance, dans le chaos qui meurtrit le cosmos ».[234]

S'ouvre alors la situation des temps derniers : d'un côté la femme, nourrie par Dieu au désert en face du dragon, de l'autre l'antique serpent appelé Diable et Satan, « le séducteur de toute la terre ». Ils sont séparés, car le fleuve d'eau que le dragon crache ne peut pas atteindre la femme. Le dragon dans sa fureur s'attaque alors à ses descendants, ceux qui gardent les commandements de Dieu et portent le témoignage de Jésus. Ce sont les chrétiens, engendrés par l'Église, que Marie incarne. Le peuple de Dieu de l'Ancien Testament, la Mère de Dieu et l'Église forment une nouvelle réalité, dans un processus où la fertilité d'Israël se concentre, se dépasse en Marie et se déploie dans la maternité de l'Église. « L'Apocalypse ne dit pas plus du mystère de Marie, mais elle dit cela avec certitude ».[235]

La Contre-Trinité du Mal

On a vu que le Diable avait été précipité du ciel sur la terre, ce qui a décuplé sa colère contre ceux

---

[234] Hans Urs von Balthasar.
[235] *Ibidem*.

qui suivent l'Agneau, c'est-à-dire les fidèles de l'Église. C'est une guerre complète et pour la mener, le Diable s'invente une Contre-Trinité, qui donnera au Mal toute la puissance de séduction sur l'humanité. De même que, dans le Nouveau Testament, le Père remet toute la puissance et le Jugement à son Fils - qui ne veut rien dire d'autre que révéler le Père - de même le Dragon transmet sa puissance, son trône et sa grande violence à ses deux avatars. Cette dualité vaut pour tous les temps derniers et s'étend sur toute la terre, toutes les générations, toutes les tribus, toutes les langues et peuples.

La période des temps derniers est un continuel combat. À peine le dragon est-il tombé sur terre qu'il commence une bataille contre les enfants de l'Église. L'Antéchrist (la bête surgie de la mer) pourra faire la guerre aux saints et les vaincre. La « bête des mensonges » aura le pouvoir de séduire les habitants de la terre par des signes miraculeux. Il sera concédé aux esprits impurs qui sortent de la bouche du dragon de réunir tous les gouvernants pour le jour du combat contre le Dieu Tout-Puissant. La guerre que les gouvernants déclarent à l'Agneau sera contrée par le Christ et ses appelés, ses élus, ses fidèles, les armées célestes, et les ennemis de la foi seront battus définitivement, mais seulement après que le camp des saints et la ville bien-aimée auront été encerclés.[236]

---

[236] On peut voir dans cette image des gouvernants coalisés contre Dieu la virulence des guerres qui ont marqué l'histoire récente : le Diviseur a tôt fait de les opposer les uns aux autres.

C'est encore une préfiguration des temps derniers, qui sont pour les chrétiens un immense combat contre des dangers extrêmes : séduction, encerclement, défaite. Il faut cependant être conscient que le Diable jeté de l'éternité dans la réalité du temps ne peut développer une telle colère que parce que son temps est court et qu'il a été vaincu d'avance.

Les trois Bêtes

« Alors je vis monter de la mer une bête qui avait sept têtes et dix cornes[237]. Elle portait sur ses cornes dix diadèmes et sur ses têtes étaient inscrits des titres insultants pour Dieu. [...] Ensuite je vis une autre bête monter de la terre. Elle portait deux cornes semblables à celles d'un agneau, mais elle parlait comme un dragon. Cette nouvelle bête exerçait tout le pouvoir de la première bête. Elle amenait la terre et ses habitants à adorer la première bête, celle qui sera guérie de sa blessure mortelle. Elle amena tous les hommes, gens du peuple et grands personnages, riches et pauvres, hommes libres et esclaves, à se faire marquer d'un signe sur la main droite ou sur le front. Et personne ne pouvait acheter ou vendre sans porter ce signe : soit le nom de la bête, soit le nombre correspondant à son nom ».

Satan suscite alors une troisième bête arrogante et blasphématoire. Surgie de la mer, elle profère des blasphèmes contre Dieu et oblige les habitants de la terre à l'adorer. La deuxième bête est encore plus perverse : une de ses têtes est mortellement blessée, puis guérie. Tandis que le Christ, troisième

---

237 Dix cornes : la totalité des rois.

personne de la Trinité, fut tué par le péché, les plaies de cette bête ont été guéries, alors que celles du Christ restent éternellement ouvertes. « Le sang du Christ qui coule toujours lave en permanence l'Église et le monde » dit Sainte Catherine de Sienne. Alors que ceux qui « saignent » pour leur prochain participent à ce « lavage du monde », la bête porte une blessure aussitôt guérie, signe de stérilité. On ne peut la confondre avec l'Agneau, qui seul possède le Livre de la vie. Dans la Contre-Trinité du Mal, l'esprit de mensonge reçoit le même pouvoir que l'Antéchrist qui est présent partout dans le monde ; mais il n'existe entre eux deux aucun lien d'amour. Et le pouvoir sans amour ne peut être que mauvais.

« Heureux, dès à présent, ceux qui meurent unis au Seigneur. Oui, dit l'Esprit, car ils se reposent de toute la peine qu'ils ont prise, et ils seront récompensés pour leurs œuvres ».[238]

Vision du Fils d'homme

Alors je vis une nuée blanche sur laquelle siégeait quelqu'un qui ressemblait à un fils d'homme. Il avait sur la tête une couronne d'or et tenait à la main une faucille bien tranchante, qu'il lança de sorte que moisson et vendange furent exécutées.

La vision de l'Agneau entouré des 144'000 marqués au front, des quatre Vivants et des Anciens ses conseillers, suggère que tout chrétien fait partie de sa suite, sa vie étant, comme dit Paul, cachée en Dieu. Tous sont « vierges », irréprochables. Ils sont des témoins (c'est la traduction de « martyr ») et

---

[238] Hans Urs von Balthasar

incluent non seulement ceux qui ont versé leur sang, mais tous ceux qui, dans la pâte humaine ou dans la vie monastique, ont donné à Dieu toute leur vie.

Chute de Babylone la prostituée

Babylone, du nom qui signifie « porte des dieux », Babylone la grande, mère des impudiques et des abominations des hommes marqués par la bête, est la quintessence de tout Mal, elle incarne l'empire du Diable contre celui de Dieu.

Elle est riche et luxueuse. Mégapole avant la lettre, elle attire marchands et navigateurs, qui lui apportent leurs richesses, jusqu'au jour où « un ange la détruit en lui lançant une meule » ; elle disparaît dans un gigantesque embrasement. « L'un des sept anges qui tenaient les sept coupes vint me parler : Viens ici, me dit-il, je te montrerai le jugement de la grande prostituée qui est assise sur les grandes eaux. Les rois de la terre se sont livrés à la débauche avec elle, et les habitants de la terre se sont enivrés du vin de sa prostitution. Devenue un antre de démons, repaire de tous les esprits impurs, repaire de tous les oiseaux impurs et détestables. [...] Voilà pourquoi, en un seul jour, elle verra tous les fléaux fondre sur elle : épidémie, deuil et famine. Elle-même sera consumée par le feu, car le Dieu qui a prononcé la sentence sur elle est un puissant Seigneur ».

Une grande plainte des rois, des marchands, des navigateurs qui se sont enrichis grâce à elle s'élève, une lamentation sur sa disparition, sur « la fumée de son embrasement ». Cet embrasement est le jugement de Dieu et sa vengeance pour tout le mal que cette puissance anti-divine a fait au peuple de Dieu.

La signification du mot « Babylone » est en hébreu « Babel » ; pour mémoire, selon *Genèse* 11:1-9 peu après le Déluge, les hommes entreprennent de bâtir une tour dont le sommet puisse toucher le ciel, pour se faire un nom. Alors Dieu brouille leurs langues afin qu'ils ne se comprennent plus, et les disperse sur toute la surface de la Terre. La construction cesse aussitôt et aujourd'hui il n'en subsiste que des ruines. La ville préfigurait la puissance de l'effort collectif, l'orgueil humain, la fonction civilisatrice. En grec son nom signifie « bredouiller » qui peut se traduire par « baboler », terme attribué plus tard également aux Barbares, c'est-à-dire confusion des langues, en punition de cet orgueil érigé en contre-pouvoir. Cette « tombée » (ou « effacement ») de Babylone est prédite par un des trois anges après l'annonce du jugement proche et avant celle de la « fureur de Dieu » envers les adorateurs de la Bête, qui seront tourmentés dans le lac de soufre et de feu.

Il est significatif que Babylone soit déclarée comme déjà tombée avant sa chute (au chapitre 17). C'est comme si elle avait un passé et un avenir, mais pas de présent, au contraire de Dieu « qui est, qui était et qui vient ». Cela dit quelque chose sur le caractère du mal, à qui toute vraie présence est déniée. Les rois, les marchands qui avaient servi Babylone, regarderont de loin la fumée de son effacement. Cet effacement est le jugement et la vengeance de Dieu et du peuple de Dieu sur ce contre-pouvoir. La fin de son règne, de son autoglorification arrogante consistera en sa négation ouverte et définitive (au chapitre 19).

Les sept coupes de la colère de Dieu

Une vision révèle sept anges qui versent de sept coupes sept dernières plaies après quoi, la colère de Dieu prendra fin. La première coupe inflige des ulcères aux hommes qui portent la marque de la Bête. La deuxième, versée sur la mer, la transforme en sang, la troisième tue toute vie dans les sources et les fleuves. La quatrième frappe le soleil qui brûle les hommes. La cinquième est déversée sur le trône de la Bête et le plonge dans les ténèbres. La sixième tombe sur le fleuve Euphrate et le dessèche. La septième provoque une lourde grêle. L'ultime combat se prépare dans un lieu appelé Armagedon. Dans le tonnerre et les tremblements de terre, Dieu fait boire à la grande Babylone la « coupe du vin de son ardente colère ».

Notre vingtième siècle a traversé des guerres meurtrières, qui ont fait douter d'un Dieu absent et donc inutile. Paradoxalement, le Dieu de la Nouvelle Alliance laisserait le mal se propager, alors que, du temps des prophètes (Isaïe, Jérémie, Amos, Osée) il s'érigeait contre celui infligé aux petits et aux exclus, son intervention se faisant de plus en plus pressante. Le Dieu de l'Apocalypse agit sur un autre plan ; on le voit se mettre en colère et exiger que l'on porte au front la « marque » pour y échapper. Il y a donc dans son attitude vis-à-vis des hommes à la fois la colère et la miséricorde ; sa colère est en définitive un signe d'amour ; elle prendra fin lors du triomphe du Christ.

Le Jugement de Dieu

On parle, à propos de jugement, d'un combat final. Mais ce combat n'est pas décrit, Comment juge le Christ ? Avec la force de sa Parole. Il y a eu des jugements prononcés pendant l'histoire ; les trois séries de sept plaies peuvent être interprétées ainsi. Il y a le premier jugement au cours duquel les saints sont associés au Christ. Et il y a un dernier jugement qui inaugure la Nouvelle Création, la Nouvelle Jérusalem.

On trouve de nombreux jugements dans l'*Apocalypse*, mais non pas tels que nous les imaginons, temporels et historiques. Ils s'abattent sur Babylone, les bêtes, sur l'Antéchrist et les puissants du monde qui les ont aidés, sur le dragon, sur les morts et finalement sur la mort et l'empire de la mort. L'*Apocalypse* nous donne la vision de l'histoire du monde à la lumière de l'histoire du salut, ce qui donne accès à la partie difficile à comprendre du chapitre du Jugement : l'enchaînement de Satan pour mille ans et le règne des saints qui règnent avec le Christ. Les saints participent à la première résurrection, qui précède la résurrection générale. Le règne de mille ans provient de la tradition juive, mais exprime ici un aspect de l'histoire de l'Église : Dieu honore les saints à qui est donné un corps ou, comme dit Balthasar, une « corporéité », par une première résurrection leur permettant de participer au règne du Christ sur le monde. Les « mille ans » pourraient signifier ce règne des saints avec le Christ. Il est dit d'eux : « Ils sont bienheureux et saints, ceux qui participent à la première résurrection ». La seconde mort n'a point de pouvoir sur eux ; ils seront prêtres de Dieu et du Christ et ils régneront avec lui « pendant mille ans ».[239] On peut donc comprendre ainsi les mille ans d'enchaînement de Satan.

Depuis la naissance du Christ, les temps derniers ont commencé ; c'est l'heure du Jugement, l'heure de rendre justice aux prophètes et aux saints et de condamner ceux qui les ont tués ou humiliés, ainsi que ceux qui ont fait du mal à la terre. Satan est vaincu.[240]

On ne dit pas que l'Église livre une bataille, elle est affligée : d'un danger extrême à la réponse de Dieu, on passe directement à la victoire puisque par sa Passion, il a déjà vaincu le Mal. Quant à Satan, qui a séduit la terre et rassemblé les combattants, il est précipité dans le lac de soufre et de feu. Au Jugement dernier où la mer, les enfers et la mort rendront leurs morts, ils seront jugés selon leurs œuvres.

La victoire finale

Désormais la victoire est totale : la mer a disparu et avec elle, toute forme de mal, toute forme de souffrance, de larmes, de cris, de mort. « Ce que l'humanité attend, sans toujours le savoir, ce que l'univers tout entier attend c'est l'accomplissement de ce grand projet que Dieu forme depuis la création du monde : instaurer avec l'humanité une

---

239 Un « règne de Dieu sur la terre », identifié dans l'Écriture à un millénium (une période symbolique de mille ans), ou autrement dit « un temps de paix donné au monde » qui correspondra aux 40 jours de présence sur terre du Christ glorifié.

240 Jésus dit : « Maintenant est arrivé le temps du jugement sur le monde. J'ai vu tomber Satan comme une foudre du ciel ; le prince de ce monde a été éjecté ». *Luc* 10:18.

Alliance sans ombre, un dialogue d'amour ».[241] La Croix sera la victoire du Messie, Il sera « enlevé auprès de Dieu et auprès de son trône ». Quand, à la fin de l'Apocalypse, la mort et le royaume de la mort sont jetés dans l'abîme de feu, cette victoire est déjà réalité dans le Christ glorifié. Sa victoire est déjà acquise, la bataille a déjà été livrée par lui sur la Croix et a été décrite dans les Évangiles.

« Digne est l'Agneau égorgé de recevoir la puissance, la richesse, la sagesse, la force, l'honneur, la gloire et la louange ». Ce motif traverse tous les épisodes de l'*Apocalypse*. La victoire de l'Agneau est universelle et comprend tous les peuples.

La nouvelle Jérusalem

Existe-t-il une montée depuis la terre vers la Jérusalem nouvelle ? Oui, dans la mesure où la ville sainte est construite sur la base du double peuple de Dieu, celui de l'Ancien et du Nouveau Testament (qui sont aussi donnés par la grâce de Dieu) ; ils seront incorporés à l'épouse de l'Agneau. Oui aussi dans la mesure où ce double peuple a compris la loi de la grâce qui est cachée dans le mot « gratuit ». L'eau de la vie est donnée gratuitement ; Jésus dit chez Matthieu : « Vous avez reçu gratuitement, donnez gratuitement ! » (*Matthieu* 19:8). Paul écrit : (*Deuxième lettre aux Corinthiens* 11:7) « Je vous ai annoncé gratuitement l'Évangile de Dieu ». Le mot « gratuit » traverse le Nouveau Testament.[242] Même

---

241 Commentaire de Marie-Noëlle Thabut.
242 « Le Credo dit bien que l'Esprit Saint est celui qui 'donne la vie'. En outre, ce don est gratuit. Créer 'à partir de rien' (*ex nihilo*) peut aussi se comprendre comme créer 'pour rien', non pas sans but, arbitrairement, mais dans un acte de pure générosité. La gratuité du don fait qu'il peut

si les efforts de l'Église semblent être inutiles, même si les chrétiens en souffrent, ces efforts et ces souffrances sont des grâces de Dieu. S'ils sont accomplis dans cet esprit de gratuité, ils peuvent contribuer à la gloire de la Jérusalem céleste.

L'Amour et la Majesté de Dieu sont gratuits, non conditionnels. Les richesses que les rois apporteront à la ville sainte ne seront pas des tributs de guerre, mais des cadeaux. Ces trésors ne seront plus propriétés, mais dons gratuits pour tous. Elle est donc renouvelée. « La ville est tellement resplendissante qu'elle ressemble à un bijou très brillant, une pierre précieuse qui chatoie à la lumière ». La raison de cette luminosité est tout à fait extraordinaire, Jean la donne tout de suite, par deux fois il répète : « Elle avait en elle la gloire de Dieu », « La gloire de Dieu l'illumine ». Et ces deux affirmations sont l'une au début, l'autre à la fin de la description : « ce qui veut dire que c'est l'élément le plus important ».[243] De forme carrée, du chiffre quatre qui symbolise la terre et les hommes, la cité est campée sur une montagne et comporte douze portes ouvertes à tous les peuples, évoquant les douze tribus d'Israël, choisies pour apporter au monde le salut, de même que les douze noms des douze apôtres apparaissent sur le socle de la ville. Ceux-ci vont fonder l'Église qui accomplit au long des siècles le dessein de Dieu.

'cacher le donateur'. Il le doit même, au risque de ne pas être effectivement gratuit. Si le don invite à la gratitude, celle-ci ne relève pas du registre de la nécessité. » François Euvé, *Faire réussir la Création.*, rev. Études p. 72.
243 Commentaire de Marie-Noëlle Thabut.

Figure 7. La nouvelle Jérusalem

Le Temple n'est plus présent, devenu inutile grâce à la présence permanente de l'Agneau. Ni soleil ni lune dans cette nouvelle Création. Si Jérusalem a conservé son nom, elle le doit au fait que Dieu ne fait que transformer l'œuvre humaine.

Section 5. L'Épouse de l'Agneau

L'achèvement du monde

Dans cette dernière vision. Jean voit un nouveau ciel et une nouvelle terre. Le premier ciel et la première terre ont disparu. La mer aussi n'existe plus. Ce ciel et cette terre nouvelle descendent d'auprès de Dieu sous la forme de la ville sainte, la nouvelle Jérusalem. Elle est parée comme une mariée pour son époux qui est le Christ, l'Agneau.

Dans la ville sainte qui descend d'auprès de Dieu les hommes vivent avec Dieu, ils vivent de sa vie, ils le voient face à face. C'est un monde construit avec des matériaux précieux, un monde de vie jaillissante et de fertilité incessante, un monde d'où le mal et la maladie sont chassés. Il ressemble au Jardin de la Genèse, mais il est l'accomplissement d'une histoire d'où le Mal est chassé.

Ici se conclut la vision sur le destin du monde. Les mots de conclusion reprennent la confirmation de la vérité de ce qui est dit dans le Livre, que ses promesses vont bientôt se réaliser et que ceux qui gardent ses paroles sont bienheureux, avec l'ordre de ne pas les garder secrètes, de séparer ce qui est pur de ce qui est impur. C'est Jésus lui-même qui a parlé, à travers elles, aux communautés et ses paroles ne doivent être ni élargies ni raccourcies. La conclusion exprime surtout le désir fervent de l'Esprit et de l'Épouse de voir venir le Seigneur Jésus : Μαραναθα, « Viens Seigneur ». Et le Fils de Dieu répond : « Oui, Je viens bientôt ! ».

L'*Apocalypse* aujourd'hui

L'*Apocalypse*, dernier livre de la Bible, a fasciné toutes les époques de l'histoire de l'Église. Les commentaires apparaissent dès le IIe siècle et n'ont jamais cessé. Certains ont essayé de lire ce livre à la lumière des événements des différentes époques, ce qui s'est révélé être une fausse route ; on a tenté par exemple d'associer les trois séries de sept plaies à des malheurs précis. Le recours à l'empire romain, certains parallèles avec les mythologies païennes ou des apocalypses du judaïsme tardif n'ayant pas pu donner une explication cohérente de ce livre, on fait bien de laisser aux scènes et aux images qui y sont évoqués leur propre force expressive. De nombreuses productions artistiques que l'Apocalypse a inspirées parviennent à le faire, et tout spécialement le Codex de Bamberg, dont les images expriment un équilibre entre réalisme et distance liturgique ; il est aussi un sommet artistique.

Notre époque est à nouveau très attentive à l'*Apocalypse*, comme si, à partir des troubles qu'elle connaît, un nouveau lien à ce dernier livre, à la fois scellé et descellé, se constituait. On parle beaucoup, aujourd'hui, d'apocalypse et on comprend ce terme comme un temps de catastrophes, de menaces effrayantes. Or, c'est ne pas bien comprendre l'*Apocalypse de Jean*. Les trois séries de plaies, les trois figures du Mal, la prostituée Babylone, ne sont pas les seules réalités de ce livre. On y trouve une continuelle alternance entre ces visions et les actions du ciel. Les uns conditionnent les autres, ils sont liés. C'est en voyant la cohésion de ces deux mondes, en insérant ce livre dans la continuité avec l'Ancien et le Nouveau Testament, qu'on comprend ce que signifie le mot « Apocalypse ».

Avant tout il faut répéter que la « colère » de Dieu, dans l'Ancien comme dans le Nouveau Testament et spécialement dans l'*Apocalypse*, signifie la parfaite détermination de l'amour divin de ne pas se compromettre avec ce qui s'oppose à la pureté de son feu. Il ne le peut et ne le veut pas. Le mal qui a rongé le cœur humain doit être sorti du monde à tout prix et pour toujours. Cela ne remet pas en cause l'Esprit qui a inspiré l'Ancien et le Nouveau Testament : la révélation « que Dieu est Amour ». Mais cet amour divin ne peut pas être mesuré à l'aune de nos « pauvres flammèches d'amour terrestre », comme dit Balthasar. L'amour du Dieu trinitaire est infiniment plus grand, plus inaccessible que tout ce que nous pouvons concevoir. Qui peut entièrement comprendre que le Verbe s'est fait chair, que l'Agneau a été tué et est vivant à jamais, que Jésus s'est senti abandonné par Dieu sur la croix ? Tous ces « Pourquoi » révèlent l'amour suprême de Dieu.

C'est pourquoi les images de l'*Apocalypse* qui sont des jugements sur le monde doivent être reçus dans un silence respectueux et ne pas inciter à toutes sortes de suppositions curieuses pour leur trouver une signification contemporaine ou mythique. Les lettres aux Églises ou le cri final « Viens bientôt » sont trop sérieux et actuels pour que les images de l'histoire entre le ciel et la terre puissent être écartées. L'astre « absinthe » (8:11) n'est pas une réalité astronomique, le feu qui brûle les hommes (16:6) n'est pas la bombe atomique ; les images des visions de Jean sont des symboles du Dieu toujours plus grand. Elles disent mieux cela que des mots humains qui nous enferment dans notre petitesse. N'enlevons pas à l'Agneau le livre scellé pour le desceller nous-mêmes. Seul Il est en mesure d'exprimer le sens de l'histoire du monde et de l'histoire de chacun de nous.

Sur cette base, il nous sera permis de nous compter parmi ceux sur qui le ciel a inscrit son sceau, qui suivent l'Agneau. À une condition : que nous restions des êtres en marche, sans nous enorgueillir de la certitude d'être élus, sans nous sentir supérieurs, à la manière des pharisiens, à ceux qui ne sont pas marqués du sceau. Marcher avec l'Agneau signifie marcher comme lui : depuis le Père vers les hommes et « les plus petits de ses frères », même s'ils portent le nom de Judas. La distinction précise entre ceux qui portent le sceau de l'Agneau et ceux qui portent le sceau de la Bête n'est aucunement de notre compétence. Elle exprime surtout que Dieu s'est déterminé pour le monde et qu'il nous est demandé de nous déterminer pour Dieu. Dans l'*Apocalypse* se forment deux camps pour la bataille finale. Mais ce dernier livre des Écritures ne serait pas le livre de l'Agneau, si celui-ci n'avait pas déjà dépassé ce combat et remporté la victoire, en vertu de laquelle le livre de l'histoire du monde lui a été remis.

La constance demandée dans tout le livre est une grâce que l'Agneau assure à chaque chrétien ; il n'a qu'à la recevoir et la vivre. S'il l'accepte, la grâce va également le préserver de toute peur et toute crainte de ne pas être capable de résister au Mal. Dans cette Révélation finale, le chrétien doit se rendre compte qu'il se trouve au milieu d'une bataille entre des forces qui le dépassent, celles du ciel et celles de l'enfer. Ce combat ne se déroule pas par dessus sa tête mais il doit s'impliquer dans la décision.

Figure 8. L'Agneau et sa suite

S'il se détermine pour Dieu, celui-ci l'intégrera dans sa victoire. S'il est pris de peur, ce sera la peur de la femme qui doit accoucher et dont la douleur se transforme en joie quand l'enfant est né. Cela rejoint les paroles de Jésus dans son discours d'adieu, dans *Jean* 16:33 où la peur devant les forces supérieures du monde et la consolation donnée par Jésus sont réunis : « Dans le monde vous aurez à souffrir. Mais gardez courage ! Moi, j'ai bel et bien vaincu le monde ».

Conclusion :

Attendre, comment attendre ?

Réjouissez-vous avec Jérusalem ! Exultez en elle, vous tous qui l'aimez ! Avec elle, soyez pleins d'allégresse, vous tous qui la pleuriez ! Alors, vous serez nourris de son lait, rassasiés de ses consolations ; alors, vous goûterez avec délices à l'abondance de sa gloire. Car le Seigneur le déclare : « Voici que je dirige vers elle la paix comme un fleuve et, comme un torrent qui déborde, la gloire des nations ». Vous serez nourris, portés sur la hanche ; vous serez choyés sur ses genoux. Comme un enfant que sa mère console, ainsi, je vous consolerai. Oui, dans Jérusalem, vous serez consolés. Vous verrez, votre cœur sera dans l'allégresse ; et vos os revivront comme l'herbe reverdit. Le Seigneur fera connaître sa puissance à ses serviteurs. Isaïe 66:10-14.

Retrouver le sens profond de la création

Dans la thèse de Lynn White incriminant le christianisme comme responsable de la crise écologique, l'argumentation présente un aspect intéressant. Ce qui étaie en partie cette affirmation massive, c'est que l'avancée de l'Occident en matière de science et de technologie, dont on reconnaît la responsabilité écologique, est imprégnée d'une tradition chrétienne qui, peu à peu, s'est écartée d'une interprétation correcte de la Genèse. C'est donc une réflexion rétrospective sur ces traditions elles-mêmes qui est à mener d'urgence. « Le principal enjeu pour les croyants est celui du changement de mentalité et de rapport à la nature comprise comme création de Dieu. C'est-à-dire formuler un discours chrétien sur la création qui induise un rapport ajusté de l'être humain à l'environnement ».[244] La façon dont nous connaissons la création et la recevons du Créateur est souvent viciée par les usages que nous en faisons. En tant que chrétiens, il nous appartient d'intégrer les nouvelles connaissances dans ces domaines, pour nous porter en tête de la « révolution » écologique amorcée. Nous en tirerons, ni plus ni moins, une meilleure connaissance du projet de Dieu.

Tenir sa place dans ce monde

« *Plus tu es grand, plus il faut t'abaisser !* » : l'avertissement de Ben Sirac le Sage insiste sur l'importance de l'humilité. L'humilité est faite de discrétion et de simplicité, parce que l'amour en est

---

244 Fabien Revol, *Le Christianisme est-il responsable de la crise écologique ?*, Entropia 6 p. 22.

la source. Si Dieu aime les humbles, ce n'est pas parce qu'ils se font petits devant lui, mais parce que lui-même est humble. Le Christ n'a pas revendiqué d'être traité à l'égal de Dieu. Et avec les gens humbles les rapports sont faciles, transparents, profonds et naturels. On déteste ceux qui sont imbus d'eux-mêmes.

Jésus est un Maître en sagesse et en authenticité. Observateur amusé lors d'un repas, dans l'Évangile de *Matthieu*, il a tôt fait de trousser deux petites paraboles parfaitement adaptées à chacun des invités. Pour ceux, un peu mufles, qui se dérobent, il décoche une parabole de bon sens, presque terre à terre, une bonne leçon de savoir-vivre[245], et pour celui qui a eu la bonté de les inviter, une parabole sublime sur la générosité. Dans un monde actuel où tout doit être rentabilisé, où tout se paie, où même les cadeaux sont des promotions alléchantes pour accrocher le client, il est bon de redécouvrir la grandeur de la gratuité. Car la référence valorisante, dans nos sociétés, n'est pas l'homme modeste et désintéressé, mais le jeune cadre dynamique, entreprenant jusqu'à l'agressivité, en tout cas assoiffé de réussite et de promotion sociale.

On a parfois le sentiment que les contrefaçons de l'humilité et de la générosité sont plus répandues que ses expressions authentiques. Ce sont très souvent dissimulation, hypocrisie, fourberie, lâcheté, pharisaïsme, etc. Les critiques de Nietzsche à cet égard sont dans toutes les mémoires, tout comme le négativisme de Sartre, et il faut bien reconnaître qu'elles ne sont pas dénuées de

---

[245] *Matthieu* 22:2-11.

fondement. Et cette parabole des invités indélicats pourrait s'appliquer aux assemblées chrétiennes. Pourquoi tant de gens désertent-ils nos rassemblements liturgiques ? Aux raisons habituellement invoquées, il faudrait ajouter l'absence d'esprit fraternel, d'attention à l'autre, de vraie humilité. Nous mesurons mal, quelquefois, ce que nos discours et nos conduites peuvent avoir de répulsif pour des croyants encore hésitants.

Le danger nous guette de ne faire des propos de Jésus qu'une leçon de politesse élémentaire, allant à l'encontre de ces invités à la noce qui trouvent des prétextes pour décliner l'invitation, ou de ces autres qui s'efforcent d'être les mieux placés. C'est une bonne petite leçon de morale, invitant à être attentif aux pauvres, aux estropiés, de préférence à des amis menant une vie confortable ; le maître de maison songe immédiatement à eux pour occuper les places laissées vacantes. Et si Jésus remarque que ses invités, de son temps, choisissent les premières places, il ne viendrait à l'esprit de personne, aujourd'hui, de faire de même, sinon il passerait pour un goujat. Ce texte ne parle pas de recommandations qu'aurait données Jésus ce jour-là, mais d'une parabole. Une parabole, c'est un propos qui prend appui sur nos comportements spontanés, pour nous faire changer de niveau : il en démontre le sens erroné. Jésus veut nous faire comprendre que ce qui se passe parmi nous se vérifie autrement dans nos relations avec Dieu. Pour ne pas heurter, pour ne pas être blessant ou offensant, il ne donne pas une leçon de savoir-vivre, encore moins une leçon d'habileté pour obtenir une bonne place. Il enseigne la juste attitude à avoir devant Dieu et avec les frères et sœurs. Avec les gens humbles les rapports sont faciles, transparents, profonds et naturels. L'humilité est faite de discrétion et de simplicité, parce que l'amour en est la source. Seul Jésus a le droit de proclamer cela, parce que c'est ce qu'il a vécu, ce qui a fait le sens de sa vie, ce qui le fait « image visible du Dieu invisible ».

En dehors de lui, de sa vie et de son message, je ne peux rien savoir de Dieu. Il nous révèle qu'Il est « Le Très-Bas et le Très-Haut » comme l'a écrit Christian Bobin. Dieu est le modèle de toute humilité. L'humilité consiste à renoncer à nous imposer par le poids de ce que nous sommes, ou de ce que nous possédons ; elle nous refuse de faire pression sur l'autre, pour le laisser exister par lui-même. Bien plus, il ne faut pas seulement laisser exister l'autre, mais le faire exister. Comme Dieu le fait pour chacun de nous. Il ne nous écrase pas de sa toute-puissance, il nous donne simplement, humblement, des moyens de nous réaliser nous-mêmes. « Si tu veux », dit-il toujours avec une infinie délicatesse. Jésus aurait pu donner une brillante homélie pour fustiger l'orgueil de ceux qu'il voit jouer des coudes pour obtenir les premières places, et plus largement, de tous ceux qui veulent épater la galerie, sortir leurs décorations, jouer aux petits chefs, tout faire pour passer à la TV. Voilà une bien pauvre motivation pour une véritable humilité, mais dont le ridicule est tellement souligné par Jésus, qu'elle peut mettre sur le chemin du véritable désintéressement. « Clou qui dépasse sera enfoncé » dit un proverbe japonais.

Soyons modestes, surtout devant Dieu qui est bien

plus important que nous. Prenons modèle sur les humbles, ils comprennent mieux la puissance du Seigneur ; ils savent qu'ils n'ont aucun mérite à revendiquer. Il faut nous y faire : l'Évangile nous demande de ne pas nous mettre en valeur, de ne pas nous imposer, bref le contraire de ce que nous pensons et faisons trop souvent. Nous admirons les « battants », ceux qui ont du caractère, de la personnalité. On ne peut pas repousser ces qualités, et la foi chrétienne ne nous invite jamais à « nous écraser ». Jésus s'adresse à ceux qui « s'élèvent », à ceux qui prétendent occuper une place qui n'est pas la leur, bref, aux candidats à la domination. Il s'adresse à tous ceux qui se comportent en « supérieurs ». Si nous voulons être vrais, apprenons à être nous-mêmes ; nous ne ferons pas les malins, nous ne chercherons jamais à écraser l'autre par notre force ou notre savoir. En allant chercher ceux qui sont considérés comme « inutiles », car ils n'ont ni pouvoir ni prestige, on peut goûter la joie d'une relation authentique de personne à personne. Car « essayer l'Évangile, c'est l'adopter » disait Michel Serrault.

Comment être prophètes ? D'abord, il s'agit de regarder le temps présent avec lucidité, sans se laisser berner par toutes les propagandes et sans adopter systématiquement les idées reçues de la pensée unique. Ensuite, il s'agit de se comporter, dans toutes nos relations, à contre-courant des manières d'être habituelles de nos contemporains. « Là où il y a la haine, que nous apportions l'amitié. Là où se trouve la tristesse, susciter la joie. Là où nous constatons la discorde, bâtir la paix. Là où règne la violence, apporter le pardon » demandait

François d'Assise. Un prophète n'est pas celui qui prédit l'avenir. Sa mission, c'est de parler de la part de Dieu. Pourtant le monde en regorge aujourd'hui, de ces beaux parleurs qui, tels les Pharisiens dénoncés par le Christ, disent mais ne font pas, parce qu'ils manquent de cœur et suivent strictement une éthique de la règle. Méfions-nous des ergoteurs au cœur sec ! Ce flot de belles paroles qui ne jaillissent pas d'un feu intérieur et que la charité ne rend pas efficaces, ça sonne creux, et même ça sonne faux !

Voilà bien déjà de quoi nous faire réfléchir : sommes-nous des cœurs secs ? Ou bien nos cœurs sont-ils possédés par l'amour authentique ? La première épître de saint Paul aux Corinthiens nous livre ce bijou qu'est l'Hymne à la charité. Paul y dit : « L'amour ne jalouse pas ; il ne se vante pas, ne se gonfle pas d'orgueil ; il ne fait rien d'inconvenant ; il ne cherche pas son intérêt ; il ne s'emporte pas ; il n'entretient pas de rancune ; il supporte tout, il fait confiance en tout, il espère tout, il endure tout. L'amour ne passera jamais ».[246]

Qu'est-ce que la jalousie, qu'est-ce que l'envie ? Certes, il n'est pas défendu à un chrétien de souhaiter avoir les mêmes chances, les mêmes avantages que les autres. Ce que lui défend la charité, c'est de s'attrister de voir les autres plus chanceux, plus heureux que lui, c'est surtout de vouloir leur enlever ces avantages. Aimer est une aventure passionnante, pleine de risques, mais nous ne sommes pas seuls : l'Esprit du Seigneur repose sur nous. C'est avec lui que la bonne nouvelle

---

246 I *Corinthiens* 13:1-13.

portera du fruit. La foi véritable, c'est de chercher Dieu, tenter de vivre en communion avec lui, ce n'est pas utiliser Dieu pour avoir des grâces, mais s'attacher à sa personne. Soyons de ceux qui remettent debout les autres. Notre mission n'est pas de dénigrer le monde qui nous entoure, mais de nous réjouir de savoir que Dieu sauve le monde.

Avons-nous cet esprit de pauvreté ? Sommes-nous des artisans d'unité dans le milieu où nous vivons, et savons-nous être assez convaincus et courageux pour obtenir des puissants qu'ils changent de regard et se montrent plus généreux ? Et méfions-nous des jugements trop rapides sur les non-croyants; la ligne de démarcation ne passe pas par le registre des baptêmes, elle passe par les cœurs. Car l'autre, mon vis-à-vis, possède une part de cette vérité que je ne connais pas et que je cherche. Nous pouvons toujours être enrichis par l'autre. L'étranger qui nous bouscule à quelque chose à nous apporter.

L'amour est exigeant et consiste à donner, non à recevoir. Que de gens disent avoir l'impression que Dieu ne les entend pas, qu'ils se heurtent à son silence. Nous avons beau insister, disent-ils, prier encore et encore ; nous ne recevons aucune réponse. Il faut respecter ce doute de gens isolés qui se croient abandonnés et surtout, qui se sentent mis à l'écart. Car Dieu ne fait pas de différence entre les personnes qui, toutes, sont uniques à ses yeux. Il n'agit pas que dans le cœur des bons catholiques. Il agit dans le cœur des non-croyants comme dans celui de ses fidèles. Saint Paul prononce cette phrase terrible: « Dieu a enfermé tous les hommes dans la désobéissance pour faire miséricorde à tous les hommes ». Nous sommes tous peu ou prou dans une certaine désobéissance; Adam et Eve voulaient la toute-puissance, ils ont pris une distance vis-à-vis des règles que leur imposait leur condition de créatures et ils ont découvert leur nudité ; en fait, par leur attitude désinvolte, ils ont initié la longue construction physique et mentale de l'humanité. Mais Dieu l'a permis pour pouvoir ensuite sauver tous les hommes, par le Christ, dans sa bonté infinie.

Se tenir prêt

C'est d'abord se connaître soi-même. Nils Phildius fournit des repères pour avancer au niveau psycho-spirituel, il suggère une relecture de textes bibliques et fait des propositions très concrètes de pratiques allant dans ce sens. « Être à l'écoute de soi-même. Se laisser guider, non plus par les incitations du monde extérieur, mais par une urgence intérieure. Et ce n'est qu'un début. Mais les premiers balbutiements sont passés, les fondements sont jetés. Au début d'une quête spirituelle, il y a souvent une double prise de conscience : celle de l'existence de son intériorité, et l'impression d'être divisé, en exil de soi-même. Cela va faire naître un besoin de retrouver une unité, de retourner vers ce lieu intérieur qui est souffle, et l'envie de se mettre en marche comme les bergers ou les mages vers la crèche de notre habitation intérieure ».[247]

À la fin du deuxième siècle, saint Irénée évêque de Lyon s'en prit aux hérésies dont celle du gnosticisme, la « gnose au nom menteur », perversion de la « vraie gnose » (gnose, connaissance) qui est

---

[247] Nils Phildius, 2020, *Se goûter un en Dieu. Approche non duelle de la spiritualité chrétienne*. Éd. Labor et Fides.

la foi chrétienne qu'il défend. Ce remarquable théologien accepta de quitter sa ville natale Smyrne (aujourd'hui Izmir) pour se mettre au service du christianisme en Occident et devenir le successeur de saint Pothin à Lyon, où il mourra en martyr. Dans un ouvrage *Contre les hérésies*, dont subsistent des copies en latin postérieures au texte grec, perdues pour l'essentiel, « Avec pour boussole l'Évangile et pour ancre, la foi des apôtres, explique Bernard Meunier, il en fait un exposé critique, dénonce et réfute ce qu'elle dit faussement de Dieu, des humains, du Christ, du salut. Il y acquiert la certitude qu'un chrétien, jusqu'aux confins de la terre, quelles que soient sa langue et sa culture, garde le lien à l'Église primitive et à la foi des témoins oculaires, compagnons du Christ. Il apprend à ses contemporains à discerner ce qui garde ce lien et ce qui ne le garde pas. Il leur apprend à lire l'Écriture en Église et à y trouver Jésus ».

C'est dans ce contexte qu'il écrit : « Être déifié, c'est donc devenir un vivant, d'une vie plus forte que la mort, puisque le Verbe est la vie même, et l'Esprit qui vivifie. Toutes les possibilités humaines se déploient. Les structures de la pensée, de la sensibilité, de l'amitié et de la création, tout en restant des structures humaines, reçoivent une capacité infinie de lumière, de joie et d'amour ».[248]

Nous sommes sur terre « à l'essai », dans l'attente, mais un jour nous serons face au Christ. Si chaque année qui passe nous rapproche de notre fin terrestre, elle nous est donnée aussi comme une nouvelle chance de rencontre avec le Ressuscité. Il

---

[248] Irénée de Lyon, *Contre les hérésies.*, IV, 20:5.

ne faut pas avoir peur de la façon dont est décrit ce Jour du retour, car Jésus n'a fait que reprendre le langage traditionnel d'un peuple qui redoutait avant tout le face à face avec Dieu. Dans le Premier Testament, « voir Dieu », c'était la garantie de mourir ! Ô bonheur, il nous est dit aujourd'hui de ne pas vivre dans la crainte, mais bien plutôt de penser qu'un jour, devant lui, nous devrons relire notre vie. Il nous est dit de pas nous endormir et de veiller à faire de nouveaux progrès dans la voie de l'amour. Car c'est sûr que les hommes réagiront différemment lors du retour du Seigneur, selon qu'ils l'auront méprisé durant leur vie ou qu'ils l'auront écouté. Ce sera alors, ou la panique, ou une joie immense. Et Jésus n'en reste pas là. Il annonce la délivrance. Il ne dit pas: « Écrasez-vous, c'est la fin du monde ». Il ne nous demande pas seulement de surveiller l'horizon, guettant le jour où le Fils de l'Homme s'abattra « soudain comme un filet ». Il dit surtout « Redressez-vous, relevez la tête, car votre délivrance est proche ». Par ces mots, il annonce la libération réalisée par l'humanité transformée grâce à la présence en son sein du Fils de Dieu fait Homme, par cette humanité nouvelle faite de ceux qui vivent de son message, selon les Béatitudes, ceux qui sont pauvres, humbles de cœur, artisans de paix, assoiffés de justice et prêts à en payer les conséquences par les persécutions. Et il termine par «Tenez-vous sur vos gardes».[249]

Jésus nous a annoncé des temps difficiles. Nous aurons à lutter contre les forces du mal qui chercheront à nous détourner de lui. Nous sommes

---

249 *Matthieu* 24:29-31.

appelés à être des veilleurs qui guettent l'aube du jour promis : ce sera l'entrée dans les Noces Éternelles, même si l'on entendra le ciel exploser dans un feu d'enfer. Car le temps de Jésus est le temps de la patience de Dieu et aujourd'hui, à nos contemporains, son Évangile annonce un monde futur de bonheur ; beaucoup hélas ne croient qu'aux vertus du progrès humain et n'attendent rien de Dieu. Ces paraboles s'adressent à des chrétiens qui voudraient bien voir les choses aller plus vite ! Mais ce n'est pas en tirant sur les carottes qu'on les fait pousser plus vite...

Dieu est à l'œuvre. Marc s'adresse à des chrétiens désemparés ; leur question est de tous les temps : dans ce monde où tout va si mal, où est-il notre Dieu ? Que sont devenues les promesses du Christ ? Comment garder la foi face à toute cette violence. Marc leur rappelle les paroles de Jésus autrefois. Il leur parle de cette semence qui germe et grandit toute seule. Mais entre les semailles et la moisson, il faut beaucoup de temps. C'est une manière de dire que le Royaume de Dieu, la nouvelle Jérusalem, est en gestation. La récolte viendra mais ce sera pour plus tard. Dieu peut paraître absent mais son action est discrète et efficace. Avec nos yeux et nos oreilles, nous pouvons savoir ce qui se passe dans le monde. Mais pour reconnaître l'action de Dieu, il faut le regard de la foi. Il n'y a pas de commune mesure entre l'Ancienne et la Nouvelle Alliance : ne restons pas dans l'Ancienne, basée sur des rites extérieurs, entrons dans la Nouvelle où Dieu lui-même se donne.

Un monde nouveau

Le monde ancien, chantons-nous, s'en est allé. Son bilan est double : progression politique, scientifique et technique, mais régression écologique, impasse énergétique, incertitude démographique et insuffisance alimentaire, en un mot : une fuite en avant vers une croissance économique bientôt dans l'impasse. Les défis sont multiples face à la complexité croissante des problèmes ; leur maîtrise passe par l'inventivité et l'éducation. Avant tout, nous sommes invités à chercher d'abord « le Royaume de Dieu et sa justice ». Non pas à le chercher dans toutes les directions en disant : « il est ici », « il est là ». Non, il est au milieu de nous comme une source ensablée qu'il faut débarrasser de tout ce qui l'empêche de couler à flots. L'Évangile nous dit : « Travaillez à un monde nouveau et le reste vous sera donné par-dessus le marché ». Faire disparaître la corruption, établir une vraie démocratie, promouvoir plus de justice, nouer des solidarités nouvelles... Comme on le voit actuellement dans les pays en guerre, c'est travailler dans les larmes et le sang à faire advenir un autre monde, qui permettra aux populations de satisfaire leurs besoins primaires.

Jean-Marie Hyacinthe Quenum est un prêtre jésuite disciple de Henri de Lubac auteur d'un ouvrage intitulé *Catholicisme*. Il y décrit ce que sera la « réunion spirituelle » de l'humanité[250]. « Thème

---

[250] « Réunion des Juifs et Païens jadis séparés par des barrières culturelles et religieuses, la réunion spirituelle de l'humanité est l'élargissement du Corps du Christ aux dimensions de l'univers. Sens donné à l'histoire humaine et à l'univers par la vie, la mort et la résurrection du Christ, la réunion spirituelle de l'humanité est l'effet de la médiation

central de l'épître aux Éphésiens, cette réunion spirituelle de l'humanité est le dessein de Dieu d'établir le Christ Chef de l'univers et tête de l'Église ». Sous ce thème nouveau par rapport aux débuts du christianisme, Quenum regroupe les attentes des différentes traditions religieuses. Au terme de l'histoire, toutes se rejoindront en quête d'une spiritualité commune. Savoir comment cette quête les conduira au Christ, cela reste un mystère ; l'authentique catholicisme (celui de l'universalité) a pour essence de symboliser l'unité de la communauté humaine, en conduisant les hommes vers une solidarité opposée à l'« insignifiance » de la vie, à l'éclatement de l'humanité première en une multitude d'entités cloisonnées.

Pour l'heure, grâce à la communication planétaire via internet, une telle réunification est en projet, dépassant tout individualisme, tout collectivisme ou totalitarisme, dont l'histoire a démontré la nocivité. De leur côté, le catholicisme et d'autres confessions doivent se réformer ; car depuis les années trente jusqu'à nos jours, la prédication et la formation chrétiennes mettent l'accent sur une piété individualiste. Elles s'en tiennent à une conception individuelle du péché, alors qu'il relève d'abord de structures sociales aliénantes (le pouvoir totalitaire et la civilisation fondée sur l'avoir) qui convoquent

---

du Christ, manifestation et Mystère de Dieu dans le monde. Dévoilement du dessein éternel de Dieu de sauver tous les hommes, la réunion spirituelle de l'humanité est la solidarité spirituelle des membres du Corps mystique du Christ ». Jean-Marie Hyacinthe. Quenum, *Le mystère de la réunion spirituelle de l'humanité. La signification de ce thème dans « Catholicisme » de Henri de Lubac et ses enjeux théologiques au seuil du XXIème siècle.*, p. 15.

toute personne à prendre position au travers de choix quotidiens.

L'attente d'un monde nouveau se traduit par des aspirations diverses, mais elle trouvera un accomplissement dans une unité retrouvée, mettant fin à l'opinion courante selon laquelle la pratique et la foi chrétienne se tiennent à l'écart des aspirations collectives et des mouvements sociétaux.

Teilhard dans son *Milieu divin*,[251] a bien ressenti ce problème et incitait au contraire les chrétiens à s'engager : « Mais, en vérité, disait-il, combien en est-il parmi nous qui travaillent réellement, au fond de leur cœur, à l'espoir fou d'une refonte de notre Terre ? [...] Il faut, coûte que coûte, ranimer la flamme ».[252]

Une main forte nous soutient, puisque le Père est plus grand que tout. Une main protectrice : jamais nous ne périrons, nous ne souffrirons plus de la faim, de la soif, de la douleur. « Ils n'auront plus faim, dit l'*Apocalypse*, ils n'auront plus soif, l'ardeur du soleil ne les frappera plus. L'Agneau de Dieu sera leur berger ». Dieu lui-même, « essuiera toute larme de leurs yeux. ». Quelle délicatesse ! Le Père nous a donnés au Fils et un jour nous verrons Dieu tel qu'il est, dans son unité.

La vie future est magnifiquement illustrée, encore une fois, par la parabole des noces. Les invités de marque et les amis du roi déclinent, par indifférence ou négligence. À l'inverse, ces invités de dernière heure, de pauvres hères mauvais ou bons,

---

[251] Pierre Teilhard de Chardin, (1926) 1957, *Le Milieu divin. Essai de vie intérieure*. Éd. du Seuil.
[252] *Ibidem* p. 198.

des handicapés n'ont aucun mérite pour être conviés aux noces. Ils n'ont que la chance de s'être trouvés là, désœuvrés, sur le chemin des serviteurs. Ce sont des gens de toutes sortes auxquels personne ne prête attention d'habitude. Quelle a été la réaction de ces « pauvres, estropiés, aveugles et boîteux » quand ils apprennent qu'ils sont invités au palais royal pour une grande fête des noces : la surprise, l'incompréhension ou l'étonnement ? Peut-être l'incrédulité car les pauvres ne sont jamais invités chez les riches et ils ne peuvent même pas se nourrir, comme Lazare, de ce qui tombe de leur table. Qu'espéraient-ils vraiment dans leur désœuvrement ? Pouvaient-ils un instant s'attendre à ça ?

On comprend bien où Jésus veut en venir. Puisque la partie haute et noble du peuple élu ne veut pas entrer dans cette alliance nouvelle qu'il propose, c'est tout homme qui est alors invité. La parabole est claire : le roi invite les bons et les méchants.

L'Église, le Royaume de Dieu, n'est pas une société de parfaits, mais de pécheurs qui aspirent au pardon. Tous ne le demandent pas, mais ils sont aimés de Dieu comme les autres ; le roi appelle « mon ami » l'homme qui n'a pas revêtu l'habit de fête. C'est son refus de répondre, d'entrer vraiment dans la joie de la fête qui le fait jeter dehors.

L'amour de Dieu suscite la liberté de l'homme. Il ne nous acquitte pas de notre responsabilité personnelle. Il ne sauve pas des esclaves du péché pour ensuite en faire des esclaves de sa puissance. Tous nous sommes appelés, attendus et aimés. La formule fulgurante que Niestche a reprise au poète grec Pindare : *Deviens ce que tu es* », prend son plein sens chrétien : nous devons incarner ce que Dieu a rêvé pour nous. Il nous appartient d'accomplir son espérance. Vivre, c'est entendre son appel et se mettre en route. Poursuivre ailleurs ! Jésus nous donne ici un art de vivre, salubre et poétique, où l'unique nécessaire nous gratifie d'une liberté intérieure qui, d'elle-même, témoigne du Royaume de Dieu. Croire, c'est « marcher sa vie », c'est renaître à l'espérance à « l'aurore de chaque matin » (Jacques Brel). Pour réussir cette aventure, il faut être au moins deux, il faut faire équipe, passer de la solitude à la confiance, s'aimer comme des frères et sœurs remis à la garde l'un de l'autre ; c'est là tout le mystère de l'Église. Et c'est inséparable du projet de Dieu : la communauté humaine et le monde naturel célébrant ensemble la joie de l'existence.

Le triomphe de l'amour

Paul affirme qu'au-dessus de tous les dons particuliers et les dépassant tous, il y a l'amour que Dieu nous a communiqué. Ce don, en effet n'est pas un charisme parmi d'autres, il est l'essence même de la vie chrétienne. Sans lui rien ne compte, ni le don de parler en langues, ni la science, ni la prophétie, ni la foi, ni même le sacrifice de ses biens et de sa propre vie. Tous les dons particuliers sont relatifs, seul l'amour est absolu puisqu'il est Dieu lui-même. Si nous voulons annoncer la bonne nouvelle au monde, il nous faut d'abord aimer ce monde. Dieu nous a aimés d'un amour concret, et c'est d'une façon très concrète que nous sommes appelés à aimer à notre tour. Ce sont des « commandements », ce n'est pas une option, c'est un ordre. L'Évangile n'invite pas le disciple du Christ à une attitude légaliste entre le permis et le défendu, à une pratique minimaliste et sécurisante. Quand on agit par amour et avec amour, on n'est jamais au bout du compte. Aimer pousse à se dépasser sans cesse, bien loin des calculs légalistes. « Aime et fais ce que tu veux ! », écrivait malicieusement saint Augustin. Loin d'encourager le libertinage, ce grand docteur de l'Église voulait exprimer que celui qui aime n'agit pas sous la contrainte d'une loi. Dans cette liberté-là, le champ du don de soi est ouvert sur l'infini. Le commandement veut éveiller l'amour là où il ne jaillirait pas spontanément. Il veut soutenir l'amour lorsque la lassitude le ferait s'éteindre. Il ravive le courage quand l'amour vrai exige du renoncement. Être un modèle, ce n'est pas « faire l'ange », ni cacher ses défauts. C'est savoir se relever quand on est tombé, demander pardon quand on a blessé ; c'est progresser, c'est tenir dans l'amour... Aimer en vérité.

Puisque Dieu s'est fait homme en Jésus-Christ, le plus court chemin pour « faire du bien à Dieu », c'est d'en faire à ses frères en humanité. « Tout ce que vous avez fait au plus petit des miens, c'est à moi que vous l'avez fait » rapporte Matthieu. Aimer son prochain garde de l'illusion de l'amour de Dieu. Chercher à aimer Dieu comme il nous aime garantit nos comportements de charité. Déjà, la loi juive engageait le peuple élu à respecter l'immigré, à prendre soin de la veuve, de l'orphelin et du pauvre, à rejeter l'usure et la confiscation des biens d'autrui. Mais dans l'Évangile de Matthieu, Jésus rattache tous ces préceptes de la Loi à l'amour de Dieu et du prochain. Ainsi, il établit une échelle des valeurs et désigne le critère qui doit permettre d'apprécier l'importance relative de tous les autres commandements. Loin de s'opposer à la raison ou aux solutions politiques et économiques, l'amour de Dieu et du prochain a pour vocation d'inspirer toutes les activités humaines pour en développer la fécondité et le rayonnement. Les aménagements techniques, comme la loi[253] et les codes de comportement modernes, les règles[254] de toutes sortes, ne répondront jamais de manière satisfaisante aux aspirations fondamentales de l'homme.[255]

Arriver à croire que Dieu nous aime, c'est arriver à croire que chacun de nous est le fruit de l'amour. Mais dans nos vies d'hommes, l'amour n'est pas vraiment un mouvement spontané, nous sommes plus prompts à critiquer, à démolir. C'est pour cela que Jésus doit insister et nous « commander » de nous aimer les uns les autres. L'appel urgent que Dieu nous lance est de faire grandir l'autre, car l'amour ne demeure qu'en grandissant.

---

253 « ... l'éthique de la loi doit être aujourd'hui complétée par l'éthique des vertus ». Valverde Campos *op.cit.* p. 643.
254 Alexandre Havard distingue lui aussi une éthique des règles et une éthique des vertus. « L'éthique des règles regarde uniquement la volonté, ce qui est correct ou incorrect à un moment donné ; l'éthique de la vertu met l'intelligence avant tout chose, c'est l'éthique de prudence et de sagesse pratique ».
255 « On doit faire ce que la société dit qu'on doit faire. Ce qui fait le plus défaut dans notre monde moderne, c'est la fraternité ». Frédéric Lenoir, *Quelle sagesse face aux défis du monde actuel ?* Conférence à l'université de Genève.

Pendant la dernière Cène, Jésus s'adressant à ses disciples, leur a dit : « Si vous m'aimez, vous resterez fidèles à mes commandements ». C'est la première fois, dans l'Évangile, que Jésus demande aux siens de l'aimer. Jusque là, il leur avait demandé d'aimer le Père, les pauvres, les petits, et de s'aimer entre eux. Et maintenant, peu avant de mourir, il demande qu'ils l'aiment, lui. Certes, il y a là une demande d'affection, mais l'amour pour Jésus ne s'arrête pas à lui, il déborde avec surabondance sur nous tous. « Celui qui m'aime sera aimé de mon Père; moi aussi, je l'aimerai et je me manifesterai à lui ».

Car Jésus est un homme de la non-violence : courageux et déterminé tout autant que «doux et humble de cœur» ; comme l'ont été Gandhi ou Martin Luther King, il est le non-violent par excellence, qui arrête le cercle infernal du mal en le recevant sur lui, sans jamais le faire. Car l'urgence dont il est question, d'être non-violent, n'est pas une contrainte destinée à nous couper les ailes. Elle a valeur de libération, contrairement au nationalisme religieux des Samaritains, à la colère de disciples vindicatifs et à l'effet paralysant de certaines règles. Libération, en somme, par rapport à un passé qui pèse sur notre présent au risque d'obstruer l'avenir qui s'ouvre avec la venue de Jésus.

En développant ces antithèses, Jésus ne tente pas d'édifier un nouveau code moral ; il nous introduit dans la contemplation de la splendeur du Père. L'amour vrai, ce n'est donc pas un attrait affectueux – qui est impossible à l'égard de ceux qui nous font du mal. Aimer vraiment, c'est veiller à respecter les autres, en entretenant un climat de bienveillance.

On aime souvent « par calcul » parce qu'on en espère quelque chose. Aimer c'est au contraire investir dans les autres, croire en eux en s'efforçant de rendre contagieux cet esprit d'amour.

Il y a en nous un besoin d'absolu, d'infini qui ne peut se satisfaire du leurre de la richesse ni du bonheur d'un moment. Chez les gens réellement heureux, on trouve souvent à la base une forte intériorité, une joie spontanée pour les petites choses, une absence de toute envie insensée et une grande simplicité. Pour ceux qui souffrent, non pas du manque de pain, mais du manque de justice, d'amitié et de paix, Jésus promet qu'ils en seront rassasiés. Il ajoute : « Heureux les artisans de paix », ceux qui veulent la réaliser dans une volonté de partage, qui vient de l'amour et le rayonne à son tour si elle rejoint l'amour que Dieu nous porte. Il est Père. Nous devons le vivre comme des frères et sœurs issus d'un même père.

Heureux, non pas ceux qui nivellent les difficultés, mais qui résistent à toutes les puissances de division et de haine qui sont à l'œuvre dans le monde. Heureux ceux qui n'ont pas peur de se ridiculiser pour sauvegarder l'unité et qui deviennent des sources de réconciliation et d'apaisement dans les climats de tensions. Heureux ceux qui pleurent, ceux qui sont capables de pleurer et de se réjouir avec leurs frères ; ceux qui ne connaissent pas la sécheresse de l'indifférence et qui, avant de parler, savent poser sur tous les problèmes un regard d'amour. Heureux ceux qui n'ont pas honte de consoler et qui s'ouvrent aux cris de leurs frères et sœurs, parce qu'ils ont leur cœur pour unique raison de vivre. Ceux qui, révoltés par la douleur du monde, gardent l'espérance au cœur de la souffrance. Heureux, enfin, ceux qui souffrent de la vacuité de leur vie et voudraient vivre vraiment, totalement, l'esprit des béatitudes. Si nous voulons être heureux, il nous faut désirer être plus, il faut être insatisfait.

Les Noces éternelles

> Á Cana en Galilée il y a eu de belles noces,
> Là était représenté Ciel et terre et l'entre-ciel.
> Max Jacob

L'homme est une merveille ; il ne pouvait accomplir une plus belle évolution. Il émerge de toute vie pour chercher les lois du monde qui l'environne. Créé dans une posture de gestionnaire de la création, il possède une faculté unique de vivre selon des actes libres, d'accéder au spirituel c'est-à-dire au monde du divin ; comme tel, il est capable de discerner ce qui est, de rechercher la source authentique de l'amour.

Issu d'une Trinité de don et de dialogue, le Verbe de Dieu a choisi de devenir humain, réconciliant cet être avec lui-même et avec Dieu, lui révélant toute sa dignité avec une préférence pour les petits. Il n'a pas vécu dans l'éclat et l'efficacité, mais dans l'humilité. Il a consenti à se faire dernier, méprisé, haï des puissants jusqu'à être traité comme un malfaiteur, à subir le châtiment le plus infamant. Présent depuis les origines pour façonner le monde, Premier et Dernier, il s'est fait obéissant jusqu'à la Croix pour amener tout homme à s'accomplir en surmontant sa propension au mal. « Ainsi le Christ, après s'être offert une seule fois pour enlever les péchés du grand nombre, apparaîtra une seconde **fois** – non plus à cause du péché – mais pour la vie de ceux qui l'attendent .»[256] Selon les termes de l'*Apocalypse*, il est « l'Agneau immolé mais vivant », celui qui offre sa vie et dont les plaies restent éternellement ouvertes.

« Soyons dans la joie, exultons, et rendons gloire à Dieu ! Car elles sont venues, les Noces de l'Agneau, et pour lui son épouse a revêtu sa parure. Un vêtement de lin fin lui a été donné, splendide et pur. » Le lin, ce sont les actions justes des saints.

Puis l'ange me dit : « Écris : Heureux les invités au repas des noces de l'Agneau ! » Il ajouta : « Ce sont les paroles véritables de Dieu. »[257]

Tout au long de notre vie, nous sommes en marche vers cette grande fête qui n'aura pas de fin. Il veut faire de nous des partenaires de cette fête. Soyons conscients de notre mission pour les derniers jours, quand le Christ fera toutes choses nouvelles. Laissons-nous aimer par Dieu qui nous dit :« Venez, tout est prêt pour le banquet ! »

Versoix, le 26 février 2024

---

[256] *Hébreux* 9:28.
[257] *Apocalypse* 18:7-9.

Bibliographie

Balthasar H. U. von, 1985, *Ja, Ich komme bald.*, Informationszentrum Berufe der Kirche, Freiburg.

Bergson H., 1907, *L'Évolution créatrice*, Paris, Félix Alcan, coll. « Bibliothèque de philosophie contemporaine ».

Bonnassiès O., Bolloré M.-Y., 2021, *Dieu, la science, les preuves. L'aube d'une révolution.*, éd. Tredaniel La Maisnie.

Bourg D., 2018, *Une Nouvelle Terre.*, groupe Elidia, éd. Desclée de Brouwer.

Costa de Beauregard O., 1963, *Le second principe de la science du temps. Entropie, information, irréversibilité.*, thèse complémentaire, éd. du Seuil.

Coste R., 1994, *Dieu et l'écologie: environnement, théologie, spiritualité.*, éd. de l'Atelier.

Crutzen P. J., 2007, La géologie de l'humanité: l'Anthropocène., Revue *Écologie et politique* No 34, pp. 141-148.

Delumeau J., 2015, *L'avenir de Dieu.*, CNRS Éditions.

Descreux J., 2016, *L'Apocalypse de Jean. Une autopsie du mal.*, éd. Cabédita.

Dianine-Havard A., 2016, *Le leadership vertueux.*, Les Éditions Blanche de Peuterey.

Dumons B. et Gugelot F. (dir.), *Catholicisme d'identité : regards croisés sur le catholicisme français contemporain (1980-2017).*, éd. Karthala.

Delio I., 2003, Author's Introduction in *A Franciscan View of Creation : Learning to Live in a Sacramental World*, The Franciscan Heritage Series.

Egger M. M., 2012, *La terre comme soi-même. Repères pour une écospiritualité.*, éd. Labor et Fides (Fondations écologiques).

Egger M. M., 2015, *Soigner l'esprit, guérir la Terre. Introduction à l'écopsychologie.*, éd. Labor et Fides (Fondations écologiques).

Ellul J., 2014, *Théologie et technique. Pour une éthique de la non-puissance.*, éd. Labor et Fides.

Euvé F., 2015, *Pour une spiritualité du cosmos. Découvrir Teilhard de Chardin.*, éd. Salvator.

Euvé F., 2015, *Faire réussir la création.*, Revue Études.

Euvé F., 1994, *Dieu pour penser.*, IV. Le Cosmos, éd. du Cerf.

Férone G., 2008, *Le krach écologique.*, éd. Grasset & Fasquelle.

Ferry L., 1996, *L'homme-Dieu ou le Sens de la vie.* éd. Grasset & Fasquelle.

Foucault M., 1976, *Histoire de la sexualité. 1. La volonté de savoir.*, éd. Gallimard.

Greppin H. *et al*, 2005, *Enveloppes de viabilité territoriale et changement climatique en Suisse.*, Cahiers géographiques No 6, université de Genève.

Grésillon É., Sajaloli B., *L'Église verte ? La construction d'une écologie catholique : étapes et tensions.*, Vertigo Volume 15 mai 2015.

Harari Y. N., 2015, *Sapiens. Une brève histoire de l'humanité.*, trad. P. E. Dauzat, éd. Albin Michel.

Harari Y. N., 2017, *Homo deus. Une brève histoire du futur.*, éd. Albin Michel.

Harari Y. N., 2018, *21 leçons pour le XXIe siècle.*, éd. Albin Michel.

Hubaut M., 2016, *L'alliance est accomplie.*, éd. Salvator.

Hüssy C., 2002, dir., *La territorialité, une théorie à construire.* Actes du colloque du 28 septembre 2001 en hommage à Claude Raffestin, Cahiers géographiques No 4, université de Genève.

Hüssy J., *Le défi de la territorialité.*, in Hüssy C. dir, 2002. Manuscrit de thèse présenté au colloque du 28 septembre 2001 en hommage à Claude Raffestin, Cahiers géographiques No 4, université de Genève.

Hüssy C., 2010, *La géographie à la recherche de nouveaux paradigmes au début du Troisième millénaire. Le paradigme de la territorialité.*, séminaire géographique international Dimitrie Cantemir, Iasi, université Alexandru Ioan Cuza.

Hüssy C., 2021, *L'ancienne alliance. Une modernité dans l'impasse ?* Éd. L'Harmattan.

Hüssy C., 2021, *Une Nouvelle Alliance. Nourrir une espérance pour l'après-effondrement.*, éd. L'Harmattan.

Hüssy C., 2021, *Un Christ vert. Un Dieu amoureux de sa création.*, éd. L'Harmattan.

Klatzmann J., 1975, *Nourrir dix milliards d'hommes ?* Éd. PUF.

Leloup J-Y, 2018, *Vers une écologie intégrale. Écologies et écosophie.* Entremises Éditions.

Lovelock J, 1993, *La Terre est un être vivant, l'hypothèse Gaïa* (« *Gaia: A New Look at Life on Earth* », trad. de l'anglais par Christel Rollinat, Paul Couturiau), éd. Flammarion Coll. « Champs ».

Moingt J., 1996, *Le Père non puissant. Du Père à la paternité.*, éd. L'Harmattan.

Moingt J., 2012, *Dieu qui vient à l'homme. De l'apparition à la naissance de Dieu.*, éd. du Cerf.

Moingt J., 2014, *Croire au Dieu qui vient. De la croyance à la foi critique. Essai.*, hors série NRF-Gallimard.

Moingt J., 1996, *Le Père non puissant. Du Père à la paternité.*, éd. L'Harmattan.

Moingt J., 2012, *Dieu qui vient à l'homme. De l'apparition à la naissance de Dieu.*, éd. du Cerf.

Moingt J., 2014, *Croire au Dieu qui vient. De la croyance à la foi critique. Essai.*, hors série NRF-Gallimard.

Moltmann J., 1988, *Dieu dans la création, traité écologique de la création.*, éd. du Cerf.

Moltmann J., 2000, *La venue de Dieu.*, Cogitatio Fidei éd. du Cerf.

Moltmann J., 2004, *Le rire de l'univers. Anthologie.*, éd. du Cerf.

Pape François, 2015, *Lettre encyclique Laudato si', sur la sauvegarde de la maison commune.*, éd. Saint-Augustin.

Passet R., 2000, *L'illusion néo-libérale.*, éd. Flammarion.

Phildius N., 2020, *Se goûter un en Dieu. Approche non duelle de la spiritualité chrétienne.* Éd. Labor et Fides.

Piketty T., 2019, *Capital et Idéologie.*, éd. du Seuil.

Poirier C., 2013, *La divinisation. Prélude aux Noces éternelles.*, éd. Salvator.

Revol F., 2009, *Le Christianisme est-il responsable de la crise écologique ?* Entropia 6. Revue Études.

Quenum J.-M. H., 2023, *Le mystère de la réunion spirituelle de l'humanité. La signification de ce thème dans « Catholicisme » de Henri de Lubac et ses enjeux théologiques au seuil du XXIème siècle.*, Academia.

Reclus É., 1930, *L'Homme et la Terre.*, éd. Albin Michel.

Revol F., *La figure de Saint François d'Assise, modèle pour l'écologie intégrale.*, in Antonianum XCVI.

Revol F., 2015, *Le temps de la Création*, éd. du Cerf.

Revol F., 2022, *La souffrance de la Création dans le contexte de l'écologie intégrale.*, in Fernando Taccone & Ciro Benedettini (dir.), La sagesse de la croix dans un monde pluriel., vol. 1.

Revol F., 2022, *Les causes chrétiennes de la crise écologique ? De la vérité de la crise écologique.* Revue Études.

Ridoux N., 2006, *La décroissance pour tous.*, éd. Parangon.

Souchard B., 2013, *Dieu et la science en questions. Ni créationnisme ni matérialisme.*, éd. Presses de la Renaissance.

Souletie J.-L., 2010, *L'anthropocentrique moderne au défi de la crise écologique.*, éd. Desclée de Brouwer.

Staune J., 2007, *Notre existence a-t-elle un sens ? Une enquête scientifique et philosophique.*, Presses de la Renaissance.

Teilhard de Chardin P., 1934, *Comment je crois*, éd. du Seuil. 2013, éd. Points.

Teilhard de Chardin P., 1955, *Le phénomène humain.*, éd. du Seuil.

Teilhard de Chardin P., (1926) 1957, *Le Milieu divin. Essai de vie intérieure.*, éd. du Seuil.

Teilhard de Chardin P., 1961, *Hymne de l'univers.*, éd. du Seuil.

Trinh Xuan T., 1998, *Le chaos et l'harmonie. La fabrication du réel.*, éd. Fayard.

Valverde Campos J-C., 2016, *De l'écologie à l'écosophie. L'intuition de Raimon Panikkar.* Thèse, École doctorale de théologie et sciences religieuses. Université de Strasbourg.

White L. T., 1967, *The Historical Roots of Our Ecologic Crisis.*, Science New Series, Vol. 155, No. 3767, traduit de l'anglais par J. Morizot, éd. Jacqueline Chambon, 1994, p. 289-309.

Zundel M., 1991, *L'Évangile intérieur.*, éd. Saint-Augustin.

Table des figures

Figure 1. Le Bouclier de la Trinité..........................69
Figure 2. Le Christ moment-clé de l'Histoire.............81
Figure 3. La montée vers Ôméga........................115
Figure 4. Le Christ au milieu des sept chandeliers.....165
Figure 5. Dieu Seigneur de l'Univers.....................179
Figure 6. La Femme et le dragon........................189
Figure 7. La nouvelle Jérusalem.........................201
Figure 8. L'Agneau et sa suite............................206

Table des matières

Préface..9
Introduction. Du désarroi à l'aube d'une espérance..13
L'humanité prise à son propre piège......................14
L'entrée dans l'ère de l'« Anthropocène »................15
Les illusions de la modernité..............................17
Vers un lendemain d'espérance...........................18
Les perspectives de l'après-effondrement................20

Première partie. Les promesses de l'écologie............25

Chapitre 1. Une humanité libérée........................27
   Section 1. Une crise écologique majeure..............27
      Les conditions d'une sortie..........................28
   Section 2. Les nouvelles lectures de l'évolution......30
      Un pionnier : Teilhard de Chardin..................30
      Un Dehors et un Dedans des Choses................32
      L'homme donnant sens à la matière................34
   Section 3. Montée de conscience et naissance de la Pensée..35
      L'homme au sommet de l'évolution................36
      Une évolution programmée........................38
      Une évolution créatrice............................39
      Le terme de l'Évolution............................41

Chapitre 2. Une écologie intégrale......................45
   Section 1. Écologies et écologie humaine..............45

 Écologie et démocratie..................................47
 L'écologie intégrale laïque...........................49
 L'écologie intégrale chrétienne.....................51
 Critiques à l'endroit de l'écologie chrétienne......53
 Vers une « sobriété heureuse »......................**55**
 Section 2. Humanisme et amour du prochain.............56
  Vrai et faux humanisme................................57
  Magnanimité, pusillanimité............................59
 Section 3. Amour du monde.................................61
  Un monde à reconstruire...............................61
  De l'écologie à l'écosophie...........................62
  L'écosophie, une écologie intégrale.................64
  Vers une éthique éco-théo-sophique.................64
 Section 4. Amour de Dieu..................................66
  La « vengeance » de Dieu..............................66
  Retrouver Dieu..67
  L'essence de Dieu......................................68
  Notre attente vis-à-vis de Dieu......................70
  Ranimer la foi..71

Deuxième partie. Les ultimes enjeux de l'histoire........77
Chapitre 1. Les quatre Alliances.........................79
 Section 1. La trame de l'histoire........................80
 Section 2. L'ancienne alliance historique..............84
 Section 3. L'Ancienne Alliance biblique................84
 Section 4. La nouvelle alliance historique.............85
 Section 5. La Nouvelle Alliance biblique...............90

Chapitre 2. L'histoire en théologie......................93
 Section 1. L'« advenue » de Dieu........................93
  Les sept paraboles du Royaume.........................95
 Section 2. Les quatre profils de Jésus..................96
  La vision prophétique de Matthieu....................96
  La visée biographique de Marc........................98
  La visée universaliste de Luc.........................99

    La vision théologique de Jean....................100
  Section 3. L'eschatologie, science des temps derniers 101
    La « fin du monde »...............................103
    Le Jugement dernier..............................108
  Section 4. La progression de l'histoire...............111
    L'interprétation chrétienne........................111
    Les trois étapes de convergence...................112
    La préparation....................................113
    L'accomplissement................................113
    La grande menace................................115
    L'aboutissement..................................120
    L'amour, fondement de la vie future...............120

Chapitre 4. Convergence ou dispersion................121
  Section 1. Les forces de dispersion....................121
    La clameur de la terre............................122
    La perte du sens..................................124
    Le péché originel.................................127
    Le paradis perdu puis retrouvé...................132
  Section 2. Les forces de convergence.................134
    La mort, sortie d'un monde inachevé.............134
    Le phénomène chrétien..........................137
    La valeur du mal et de la souffrance..............139
    Le Christ en tête de l'Évolution...................140
    Le monde sauvé par la Croix......................141
    Un monde en attente.............................142

Troisième partie. Visions du futur.......................147

Chapitre 1. L'Apocalypse selon Daniel...................149
  Section 1. Contexte et polémiques....................150
  Section 2. Les visions................................153
    Les quatre empires................................153
    Le bélier et le bouc................................154
    Les soixante-dix « semaines ».....................155

L'apparition du Messie...................................157
Section 3. Récits postérieurs..........................160
  Suzanne et les Vieillards............................160
  Bel et le serpent....................................160
Chapitre 2. Le livre de l'*Apocalypse de Jésus-Christ*...161
Section 1. Contexte et objectifs.......................162
  L'histoire récapitulée...............................167
  Le Vivant qui était mort.............................168
Section 2. Constantes de l'Église......................169
  Éphèse : l'usure du temps, la lassitude............170
  Smyrne : la peur de la persécution.................171
  Pergame : tolérance des hérétiques.................172
  Thyatire : Jézabel le Mal incarné..................173
  Sardes : l'Église endormie.........................175
  Philadelphie : la persévérance.....................175
  Laodicée : l'Église tiède..........................177
Section 3. Les visions prophétiques....................177
  La salle du trône..................................177
  L'ouverture des sceaux.............................179
  Les quatre cavaliers...............................181
  La Grande Tribulation..............................182
  La procession des peuples..........................183
Section 4. La Colère et le Jugement...................185
  La femme et le dragon..............................188
  La Contre-Trinité du Mal...........................191
  Les trois Bêtes....................................192
  Vision du fils d'homme.............................193
  Chute de Babylone la prostituée....................194
  Les sept coupes de la colère de Dieu...............196
  Le Jugement de Dieu................................197
  La victoire finale.................................199
  La nouvelle Jérusalem..............................199
Section 5. L'Épouse de l'Agneau........................202
  L'achèvement du monde..............................202
  L'Apocalypse aujourd'hui...........................203

Conclusion : Attendre, comment attendre ?..............209
    Retrouver le sens profond de la création.........210
    Tenir sa place dans ce monde......................210
    Se tenir prêt...217
    Un monde nouveau..................................221
    Le triomphe de l'amour.............................225
    Les Noces éternelles................................230
Bibliographie...233
Table des figures...239

Structures éditoriales du groupe L'Harmattan

L'Harmattan Italie
Via degli Artisti, 15
10124 Torino
harmattan.italia@gmail.com

L'Harmattan Hongrie
Kossuth l. u. 14-16.
1053 Budapest
harmattan@harmattan.hu

L'Harmattan Sénégal
10 VDN en face Mermoz
BP 45034 Dakar-Fann
senharmattan@gmail.com

L'Harmattan Congo
219, avenue Nelson Mandela
BP 2874 Brazzaville
harmattan.congo@yahoo.fr

L'Harmattan Cameroun
TSINGA/FECAFOOT
BP 11486 Yaoundé
inkoukam@gmail.com

L'Harmattan Mali
ACI 2000 - Immeuble Mgr Jean Marie Cisse
Bureau 10
BP 145 Bamako-Mali
mali@harmattan.fr

L'Harmattan Burkina Faso
Achille Somé – tengnule@hotmail.fr

L'Harmattan Togo
Djidjole – Lomé
Maison Amela
face EPP BATOME
ddamela@aol.com

L'Harmattan Guinée
Almamya, rue KA 028 OKB Agency
BP 3470 Conakry
harmattanguinee@yahoo.fr

L'Harmattan Côte d'Ivoire
Résidence Karl – Cité des Arts
Abidjan-Cocody
03 BP 1588 Abidjan
espace_harmattan.ci@hotmail.fr

L'Harmattan RDC
185, avenue Nyangwe
Commune de Lingwala – Kinshasa
matangilamusadila@yahoo.fr

Nos librairies en France

Librairie internationale
16, rue des Écoles
75005 Paris
librairie.internationale@harmattan.fr
01 40 46 79 11
www.librairieharmattan.com

Librairie des savoirs
21, rue des Écoles
75005 Paris
librairie.sh@harmattan.fr
01 46 34 13 71
www.librairieharmattansh.com

Librairie Le Lucernaire
53, rue Notre-Dame-des-Champs
75006 Paris
librairie@lucernaire.fr
01 42 22 67 13